LOOKING AT CHINA IN THE NEW ERA
FROM THE WORLD'S PERSPECTIVE

世界看
新时代中国
2025

凝聚全球发展共识　培育增长新动能

CONSOLIDATE GLOBAL DEVELOPMENT CONSENSUS
AND CULTIVATE NEW GROWTH DRIVERS

张东刚　　主编

人民出版社

代　序

世界离不开中国，更离不开中国声音

习近平总书记在 2021 年 5 月 31 日主持十九届中共中央政治局第三十次集体学习时强调，讲好中国故事，传播好中国声音，展示真实、立体、全面的中国，是加强我国国际传播能力建设的重要任务。党的二十大报告指出，要加快构建中国话语和中国叙事体系，讲好中国故事、传播好中国声音，展现可信、可爱、可敬的中国形象。

国际传播能力是增强我国文化软实力和扩大中华文化影响力的重要体现，它关乎我国国际形象的塑造与我国综合实力的提高。进入新时代，我国的国际传播工作取得了明显的进展，国际传播实力大幅度增强，已经形成了立体化、多元化、全方位的对外宣传格局，在国际舞台上的可见度、话语权、影响力逐渐提升。但是在百年变局加速演进的时代浪潮之下，我国国际传播工作目前依然面临诸多挑战。

一是地缘政治引发的国际舆论斗争日益激烈。近些年，西方社会通过制造虚假言论、发布不实报告等多种方式在舆论场上对中国进行污蔑、抹黑。从所谓"产能过剩论""债务危机论"到"经济失速论""中国崩溃论"等论调不绝于耳。特别是，近年来，西方政客、媒体与智

1

库正在全球范围内掀起一场"中国崛起顶峰论"，认定中国崛起已到顶峰，唱衰中国发展前景，打压中国增长预期。"中国崛起顶峰论"是一系列不实论调的变种，旨在进一步对中国国际形象、声誉造成负面影响。如果任由这种论调肆意扩大而不加以抵制和反击，必然会掩盖中国经济发展的现实情况，降低人们对中国经济发展的预期，掣肘我国经济、社会、民生等相关领域发展。

二是信息化时代引发国际传播剧变。人工智能技术的快速发展正在引发国际舆论场的深刻变化，尤其是生成式人工智能通过对内容的生成、加工，涌现出了 AI 写稿机器人、虚拟主播、数字人等多种多样的新形态。一方面可以极大提升传播效率，另一方面也将对全球传媒生态造成巨大影响。人工智能可以被赋予国家意识形态，西方国家正借助人工智能新技术发展施行技术垄断与霸权扩张。例如，数据殖民作为一种新的殖民形式，正在对许多国家造成意识形态与思想层面的威胁。美西方可凭借其在算力、数据方面的技术霸权，在网络空间领域进一步形成对中国的舆论压制，制约中国的国际舆论传播。

三是逆全球化增加国际传播阻力。近年来，民间传播成为国际传播的重要形式，也是国际传播多元化的重要载体。随着中国众多社交内容平台的崛起，今日头条、抖音、哔哩哔哩等已经成为对海外讲好中国故事的典型平台。但是，受到逆全球化浪潮的影响，美西方通过实施去中国化、去风险化、近岸化、友岸化等供应链重组战略，使得中国企业出海遭受到了不小的阻力。尤其是对于以内容生产传播为主的中国文化企业，美西方采取了严格的安全审查与不合理限制，这对这类企业的海外经营造成很大的风险。同时，逆全球化导致不同国家、不同民族、不同种族之间的矛盾和冲突不断激化，国家之间的人文交流受阻，削弱了国际传播的创造力、感召力、公信力。

因此，我们要深刻认识新形势下加强和改进国际传播工作的重要性和必要性，一手抓经济社会发展，一手抓舆论体系塑造，下大气力加强国际传播能力建设，形成同我国综合国力和国际地位相匹配的国际话语权。一方面，为我国改革发展稳定营造有利外部舆论环境；另一方面，也要为重塑国际舆论格局，构建平等包容、清朗安全的国际舆论体系提供中国方案，为推动构建人类命运共同体作出积极贡献。

2023 年中央经济工作会议首次提出要唱响中国经济"光明论"这一重要论述。中国经济"光明论"是 14 亿多中国人民的合唱，只有全国上下形成合力，才可唱出中国发展的时代最强音！2022 年 4 月 25 日，习近平总书记在中国人民大学考察调研时指出："要发挥哲学社会科学在融通中外文化、增进文明交流中的独特作用，传播中国声音、中国理论、中国思想，让世界更好读懂中国，为推动构建人类命运共同体作出积极贡献。"中国人民大学始终牢记习近平总书记的殷殷嘱托，始终肩负高校在人才培养、科学研究、社会服务、文化传承创新、国际交流合作方面的使命，通过举办"通州·全球发展论坛"等国际论坛活动以搭建交流互鉴的学术平台，成立"一带一路"国际商学院加大国际人才培养力度，出版多本多语言的国际化学术著作以加强学术研究成果的对外传播。未来，中国人民大学将以广博的胸襟、宽广的视野、崇高的情怀面向世界、面向未来，为传播"中国声音、中国理论、中国思想"贡献智慧。

中国人民大学重阳金融研究院（以下简称"人大重阳"）是中国人民大学重点打造的中国特色国际化新型智库平台。人大重阳已经与40多个国家的主要智库建立了固定的合作机制，是最频繁在海外发声的中国特色新型智库之一，在国际上拥有较高的影响力和美誉度。中国人民大学以全校之力支持将人大重阳打造成全国领先、世界知名的国际化交流平台，举办了多场关于"一带一路"、人类命运共同体、中国式现代化等主题的全球发展与治理高端论坛，广邀来自世界各国的专家学者，共同探讨世界发展与中国发展的相关话题，为增进各国之间的人文交流、传播中国声音、提升中国形象发挥了重要作用。

本书依托智库国际人脉资源，汇集了33位外国前政要、知名学者专家的精彩观点，包括斯洛文尼亚前总统达尼洛·图尔克，罗马尼亚前总理阿德里安·讷斯塔塞，吉尔吉斯斯坦前总理卓奥玛尔特·奥托尔巴耶夫，塞尔维亚前总统鲍里斯·塔迪奇，英国剑桥大学前政治与国际关系高级研究员马丁·雅克，印度中国经济文化促进会秘书长穆罕默德·萨奇布等。这些专家的文章见解独特、视角新颖，从"外国人看中国、看世界"的角度出发，对全球发展与全球治理、发展中国家团结合作、中国式现代化和"一带一路"未来等问题进行了深入阐释，体现了外国专家对相关问题的深刻洞察与思考，相关观点颇具典型性和代表性。

在此特别鸣谢"长安街知事"微信公众号的郭涛、周经纬、刘晓琰、李治宏与中国人民大学重阳金融研究院共同出品了《全球治理大家谈》系列内容，相关内容已编录在本书中。

　　本书的出版对增进各国人民共识，加强各国人民理解，促进不同地区的人文交流将起到一定的推动作用，也为讲好中国故事、传播中国声音略尽绵薄之力！

张东刚

中国人民大学党委书记

2025 年 1 月

目　录

第
三
章

第
四
章

第五章

第一章

中国系列倡议为构建人类文明新形态提供了方案

世界急需这三个"中国倡议"

中国正在扮演关键角色

中国在世界上享有崇高地位

南非坚定支持中国构建人类命运共同体

全世界都在敦促构建人类命运共同体

世界急需这三个"中国倡议"

［斯洛文尼亚］达尼洛·图尔克 Danilo Türk*

人类命运共同体这个想法非常重要，在全球讨论中并非所有人都有一致的观点，但所有人都理解我们今天的世界是一个相互依存的世界，且相互依存的程度前所未有。我们需要进行非常全面的探讨，我自己也做了一些相应的研究：如何管理我们现在所面临的一些问题和挑战以及如何共建一个共同的未来。我们需要考虑如何来实现这些目标，而习近平主席给我们提供了一个概念性的框架，我们应当为此而感激。人类命运共同体是一个非常完备的概念，涉及各个方面。这样的想法起源于十年之前，同时也涉及三个非常重要的倡议或战略：全球发展倡议、全球安全倡议和全球文明倡议。这三个不同的倡议加在一起，代表人类命运共同体这个概念的进一步深化。所以，我们需要以特别的方式来实施人类命运共同体这样独特的理念。那么，我今天所阐释的问题是如何实现人类命运共同体以及以什么方式取得进展和

* 作者为斯洛文尼亚前总统、世界领袖联盟主席。本文为作者 2023 年 4 月 4 日在"构建人类命运共同体 10 周年与人类文明新形态的创造"国际研讨会上的发言。

3

进步。关于这三个倡议，我将和大家来分享一些现实的进展。

全球发展倡议

全球发展倡议是习近平主席在第七十六届联合国大会上提出的，这是非常具有象征意义的倡议，它包含全世界所有的国家，同时也表达了一个期望，把我们的合作和发展推到一个更高水平。同时他也提及一项长远计划——未来峰会。这样的想法是在全球发展倡议实施基础之上提出来的，现在未来峰会也已提上日程。我也是联合国相关理事会的成员，我们希望能够搭建一个平台，在未来峰会话题的讨论上取得更为一致的进展。在此，我想提两点全球发展倡议里的其他概念。第一，我们需要以更加严肃、更加紧迫的态度来解决全球变暖问题。现在我们为解决全球变暖问题投入了更多的精力。中国在这方面是主要的参与者，在全球最重要的科技方面作出了卓越的贡献，而全球变暖是我们必须通过合作才能够加以解决的挑战。第二，全球金融基础设施。这与第一个概念息息相关。很显然，我们现在已经有一个更加雄心勃勃的计划来解决全球变暖的问题，但与此同时，我们也需要更加雄厚的资金来支持这个计划，现有的发展银行和多边机构正在为此做准备。是否有以新的方式来进行这种合作的可能，以确保私营部门的资金和公共部门的资金能够得到更好的融合，实现更加有效的、更大规模的干预，从而解决全球变暖的问题？当然，我们有一些策略层面的做法，包括有效多边主义的咨询委员会。我们曾经也探讨过这些问题，而所有这些问题，在技术方面的倡议，实际上都是围绕着习近平主席多年前提出的全球发展倡议这一框架所展开的。我们现在正在取得进步，今天的研讨会也会进一步探讨这样的可能性。

全球安全倡议

全球安全倡议是习近平主席 2022 年在博鳌亚洲论坛上提出来的，它提出的时机和地点是非常具有象征意义的，这并非偶然。博鳌亚洲论坛本身就是一个讨论全球发展问题的非常重要的场合，尤其在经济、社会、环境方面，而更重要的是在全球安全方面。所以，我们需要给予全球安全倡议高度的关注。我们也可以看到全球安全倡议现在已经促成了非常重要的外交活动，中国在很多重要的全球安全相关事业上成为主要的参与者和助力者。刚才中国外交部部长助理华春莹女士也谈到了伊朗和沙特阿拉伯之间的和解。多年以来，这两个国家很难进行建设性对话，而这关乎整个中东地区的和平与安全。所以，现在取得的进展是非常具体的，而且非常具有前景。我们可以想象一下它可能给我们带来的潜在影响以及对全球安全倡议的影响。我们现在看到，伊朗和沙特外交关系上取得进展，还包括也门、叙利亚，这必将有利于中东地区以及全世界建立更好的、更安全的未来。还有乌克兰的情况，2 月 24 日，中国外交部发布了《关于政治解决乌克兰危机的中国立场》文件。全球安全倡议是一个非常重要的概念性框架，让我们更好地迈向和平与安全的未来。所以，我们需要这样一个概念性的框架，将所有的参与者以善意聚集在一起，并且带来和平。我们正处在这个开端，也高度地专注在未来可以采取的步骤上，中国可以帮助所有相关国家取得和平。

全球文明倡议

全球文明倡议是一个非常大的议程。就像刚才中国外交部部长助理华春莹女士所谈到的，我们需要了解不同社会的多元化，需要了解这种多元化的背景，也必须考虑人类共同价值，尊重在不同价值观和社会体系中所实施的人权。这些方面并没有单一的模式，之前我们也讨论过很多关于模式方面的问题，需要有足够的耐心、足够的严肃性以及足够的重视来让不同的文明之间展开更加紧密的对话，同时能够进行更好的合作。我列举了关于构建人类命运共同体这一征程上需要关注的要点，我们知道，把来自国际关系中的竞争和必要的合作、团结结合在一起，这并非易事，如何实现两者之间的平衡呢？我们需要在这样的竞争关系中，让各方展现出最佳、最好的一面。我们认为，在当前这一特别的时刻，我们需要建立一个国际议程，不仅仅是所有人共享的议程，同时也是所有人共同追求的议程。全球变暖的问题就是其中之一，全球金融稳定是另外一个话题。现在我们还没有充分讨论全球金融基础设施的建设，这需要我们通力合作。当然，我们可以不断地在清单上增加更多的内容，如核武器、核武器最终的废弃等，这些都是我们人类伟大的愿景，是我们构建人类命运共同体的共同愿景。

中国正在扮演关键角色

[英国] 马丁·雅克 Martin Jacques[*]

在过去的 10 年中，中国取得的进步一直都是举世瞩目的。虽然受到美国的压制，中国的发展前景仍然巨大，中国在很多国际外交场合发挥了巨大的作用，体现出非凡的国际意义。中国在区域当中的地位也更加突出，2023 年它推动两个重要的国家从敌对状态变成合作状态，美国是无法实现这一点的，这是中国在外交场合的一个重要的胜利。中国也在改变中东未来发展的路径和未来发展的前途。

随着中国影响力的不断提升，国际社会逐渐出现了新的思考与讨论。人们更为关注的是与传统差异化的方面，如今这种新思维更具创新性。10 年来，中国在国际舞台上秉持着低调、不谋求领导地位的外交理念，运用智慧化解国家间的纷争。自 2012 年起，中国在全球范围内的地位日益稳固，并在全球事务中发挥着关键作用。诸如构建人类命运共同体、提出"一带一路"倡议等有利于大国关系构建的政

* 作者为英国剑桥大学前政治与国际关系高级研究员。本文为作者 2023 年 4 月 4 日在"构建人类命运共同体 10 周年与人类文明新形态的创造"国际研讨会上的发言。

策，深远地影响着全球迈入崭新的时代。

在地缘政治及经济领域，中国发挥着举足轻重的作用，其国际地位独特且至关重要。追溯至数千年前，中国古代思想便倡导天人合一，强调融合与整体性，与西方强调国家和各地区差异的思想截然不同。因此，早期中国便秉持世界大同、天人合一的观念，此观念与西方相比独具特色。

中国的思想始终秉持着文明大同的理念，中国是文明大国，文明具备穿越心灵和跨越国界的特质。现代社会无疑是在西方传统的影响下塑造而成的，包括国家主体的概念。然而，中国拥有独特的哲学理念和思想境界，这构成了中华文明的特有属性。中国在全球文明倡议中有着具体的阐述，且颇为有益。如今，我们再度聚焦于构建人类命运共同体的理念。

人类命运共同体的理念，不仅仅局限于国家层面，而是呈现出了更为宽广的视野。它兼顾国际利益，不局限于民族国家，而是将全人类视为一个整体。其定义超越了民族国家的范畴，构建了一个更为广泛、包容的框架，将各方利益纳入考量，形成了与全球利益紧密相连的架构。这一理念与国际关系传统观念迥异。传统的"民族国家"概念历经数个世纪，始终围绕民族国家单一核心理念。然而，如今这一观念正经历变革，其背后原因有二：一是全球化进程已使我们认识到全球化力量正逐渐瓦解或削弱民族国家的力量，这包括全球性的国际组织、跨国公司和国际机构等；二是一系列全球性问题如发展问题、不平等问题、环境污染以及全球温室效应等逐渐浮现，这些问题超越了国家界限，成为各国共同面临的挑战。因此，我们有必要重新审视和应对这些全球性问题，以推动全球治理体系的完善和发展。

中国作为占全球约五分之一人口的发展中大国，其崛起不仅关乎民族国家的命运，更承载着对全球发展责任的深刻关注。与西方国家的发展路径不同，中国始终与发展中国家保持紧密联系，坚信发展是人类面临的核心任务之一。为此，中国提出了全球发展倡议，这一理念在"一带一路"倡议中得到了具体体现，旨在促进不同国家的融合，共同构建人类的美好未来。

当前，中国与西方国家在发展理念上存在的显著差异不容忽视。西方世界往往忽视发展的重要性，将其视为次要地位，这种态度源于殖民主义和帝国主义的思维。长期以来，发展中国家被视为剥削的对象，而非合作伙伴。西方国家不仅未提供必要的帮助和支持，反而阻碍了这些国家的进步，限制了他们的发展空间。

然而，我们必须认识到，发展中国家在全球经济中的地位日益重要，已占据60%的经济份额，这一趋势不可逆转。发展中国家追求发展的权利是历史赋予的使命。在这一进程中，"一带一路"倡议成为一个生动的例证，展示了构建人类命运共同体的实践路径。中国在这一进程中发挥着举足轻重的作用，为推动全球发展贡献了中国智慧和力量。

气候变化作为全球性挑战，深刻影响着人类的生存与发展。在温室效应不断加剧的背景下，人类命运共同体理念显得尤为重要。应对这一挑战，单靠个别国家或个体行动远远不够，我们需要全球范围内的合作与团结。这要求各国、各地区、各国际组织以及全球公民共同参与，形成合力。气候变暖作为核心问题，对于构建人类命运共同体而言，其重要性不言而喻。人类必须对此有深刻认识，并承担起共同的责任与使命。

关于全球系统与体制的问题，实际上，现存的体制，如世界银行、国际货币基金组织（**IMF**）以及部分西方银行，它们所代表的**G7**组织，仅仅是全球命运共同体极其有限的一部分，其所占比重甚至不到整体的**5%**。当前的国际系统，在某种程度上，是小部分人的专属系统，并且缺乏必要的民主性。因此，全球系统应朝着代表大多数人利益的方向发展，应构建一个真正的人类命运共同体，让全球每一个个体都参与其中。在新的世纪里，构建这样一个全新的国际体系与秩序，已成为一项至关重要的任务。而中国在此过程中扮演着关键的角色。中国是唯一一个具备引领这一变革能力的国家，与其他国家共同为全球领导力贡献力量。

中国在世界上享有崇高地位

［印度尼西亚］穆一乐 Irwansyah Mukhlis[*]

当我们第一次听到构建人类命运共同体理念时，作为中国的亲密朋友，印度尼西亚一点也不感到惊讶，也不认为这是个陌生的概念。相反，我们认为，这是自然进步的理念。长期以来，各国的政府，特别是发展中国家和南南合作成员其实一直都在讨论这个理念。中国是最早提出这一理念并使之成为当代国际关系中重要概念的国家。这一事实确实也表明了中国在发展中国家和发达国家中的崇高地位。

在习近平主席 2013 年提出这一理念之前，印度尼西亚和中国的未来其实就已经是相互关联的。特别是随着这两个主要的全球和区域事务参与者关系的加强，我们更加认识到了这一点。在多边环境中，印度尼西亚和中国一直都在 G20、七十七国集团等志同道合的团体（Like-minded groups）中紧密合作。在区域合作中，印度尼西亚和中国在亚太经合组织、《区域全面经济伙伴关系协定》（RCEP）、东盟—

* 作者为印度尼西亚驻华大使馆政治参赞。本文为作者 2023 年 4 月 4 日在"构建人类命运共同体 10 周年与人类文明新形态的创造"国际研讨会上的发言。

中国自由贸易区、东盟—中国命运共同体、东盟与中日韩（10+3）框架下进行合作；在双边环境中，印度尼西亚和中国保持印度尼西亚—中国全面战略伙伴关系（CSP）。这些都只是我们密切合作的一瞥，这些合作将决定我们共同的未来，甚至某种程度上将决定我们的命运。因此，我们两国最高领导人就共建命运共同体，以及国际关系一系列共识达成，这是非常自然的事情。2022 年 7 月，佐科·维多多总统也强调，印度尼西亚和中国是全面战略伙伴关系，我们共同的目标就是要建立人类命运共同体，而且也将为该地区和其他地区的和平与发展作出重大贡献。

在这样的背景下，佐科·维多多总统作为中国举办冬奥会后首位外国国家元首来访，充分说明了双方对发展双边关系的坚定承诺。印度尼西亚将继续与中国合作，不断深化我们的合作计划，特别是四大支柱合作，即政治、经济、人民和海洋合作，并为区域和平以及全球发展作出更大的贡献。我们两国因此树立了主要发展中国家通过合作和共赢寻求力量的榜样，为两国人民带来更大的利益，并为区域以及其他地区的和平与稳定作出更大的贡献。我们的合作也有助于实现我们的中长期愿景和期望。因为印度尼西亚正在追求成为发达国家的2045 年愿景，中国也进入实现伟大的社会主义国家第二个百年奋斗目标的新征程。

就印度尼西亚所取得的具体成果而言，我们可以和大家分享，在过去十年里我们建成了雅加达—万隆高速铁路，这成为印度尼西亚和中国双边友谊的里程碑。我们的双边贸易在过去十年中超过了预期，因为我们两国在高度互利合作中越来越加强了相互之间的依赖与合作。印度尼西亚与中国已经签署"一带一路"与"全球海洋支点"谅解备忘录。我们的合作还涵盖其他的领域，比如疫苗、绿色发展、网络安全以及海洋等，这些对构建人类命运共同体都将产生助力。同时，我们也有一些重大的合作项目，比如印度尼西亚新首都的开发，北加里曼丹绿色工业园以及区域综合经济走廊的建设等。印度尼西亚目前也是中国全球发展倡议（GDI）之友小组成员，并且参加了金砖国家会议，我们在地理上的距离也注定了我们是该地区的近邻。中国处于东盟的门户，东盟与中国的邻居关系对地区的增长、稳定和安全永远都是至关重要的。作为东盟现任主席国，印度尼西亚也愿意为中国—东盟的关系发展作出积极的努力。

从以下几个方面可以清晰地看到为实现这一目标我们所拥有的充满希望的路径：中国与东盟之间的全面战略伙伴关系，中国对东盟核心地位的坚定支持，以及东盟的投资计划与中国的"一带一路"倡议及全球发展倡议之间互利共赢的合作与协同。在印度尼西亚的积极引领下，东盟也在寻求中国的进一步支持，以巩固其作为地区增长中心的地位。值得一提的是，中国作为东盟最大的贸易伙伴，在推动区域发展中的作用至关重要。此外，印度尼西亚对东盟—中国命运共同体的建设表示高度赞赏，而中国也已明确表态支持东盟解决地区问题的方式，并以东盟为核心构建地区合作框架。这些因素共同构成了我们实现共同目标的有力支撑。

通过对印度尼西亚、东盟与中国关系经验的深入分析，我们可以清晰地认识到，作为邻国，相互尊重、分享与合作的理念至关重要。确立这种良好的相互合作关系，我们便能够找到共同的利益点，相互倾听与包容则是实现共赢的关键。随着这种国家关系的深入发展，我们自然会展望到人类命运共同体的未来，并成为他国效仿的典范。在东盟、印度尼西亚与中国的关系中，我们已经看到了这种成功与进步，而且这种关系仍在不断发展。因此，我们支持构建人类命运共同体的理念，并认为这一理念具有极高的关联性。我们期待它能够得到更多的关注、有更强的吸引力，以便在适当的时机，根据具体情况加以实践，为构建一个更加和谐、繁荣的世界贡献力量。

南非坚定支持中国构建人类命运共同体

[南非] 谢胜文 Siyabonga C. Cwele [*]

构建人类命运共同体理念和我们的传统观念 Ubuntu 是相通的，其中有很多相似之处，这体现了非洲大陆和中国之间的友谊，以及我们在人类文明新形态创造过程中所展开的合作。今年是"一带一路"倡议提出 10 周年，同时也是金砖国家伙伴关系建立 15 周年，当时南非应中国邀请加入了金砖国家，并得到其他合作伙伴的认可，我们的双边关系已经从伙伴关系发展成战略伙伴关系，现在又发展成全面战略伙伴关系。这是一种建立在反对帝国主义和殖民主义斗争基础上的关系。

69 年前，由沃尔特·西苏鲁所领导的南非非洲人国民大会与毛主席所领导的中国共产党领导层会面，毛主席表示支持被压迫的大多数人，特别是非洲人民的解放斗争。2013 年 3 月，习近平主席提出构建人类命运共同体的理念。每个人都与他人息息相关，现在这已经

---

* 作者为南非驻华大使。本文为作者 2023 年 4 月 4 日在"构建人类命运共同体 10 周年与人类文明新形态的创造"国际研讨会上的发言。

演变成具有全球意义的重要愿景。他也谈到，中国的发展有利于全世界，中国不能脱离世界而取得发展。2022 年 10 月，他在中国共产党第二十次全国代表大会上再次强调，我们真诚呼吁，世界各国弘扬和平、发展、公平、正义、民主、自由的全人类共同价值，促进各国人民相知相亲，尊重世界文明多样性。

中国提出的构建人类命运共同体这一宏大愿景是植根于中国的文明和文化之中的。孔子就曾设想"天下大同"，并且相信天下人有着共同的亲缘关系，中国其他伟大的哲学家也提倡和谐生活，建议人们互帮互助互爱，所有这些理念都对中华民族的发展产生了积极的影响。中国建设人类命运共同体的愿景是对和平的渴望，这是中国文明在历史上的一个显著特征。历史学家也强调中华民族一直在不断地捍卫和平，所谓的主宰世界的野心在中国社会一直是不受欢迎的，中国长期以来都是遵循儒家的信条——"己所不欲，勿施于人"。因此，中国决心通过和平手段崛起，而对把自己的价值观和条件强加给其他国家并不感兴趣。这就是中国和非洲之间互相尊重的基础。

从另一方面来讲，非洲有一个内涵非常丰富的传统观念——Ubuntu。这个词是来自祖鲁族的格言，简单地翻译一下就是："你就是我，我就是你。你中有我，我中有你。"但是 Ubuntu 在非洲的含义用英语不容易翻译，许多学者是遵循狭义的解释，把它叫作 Humanasgy（音译），就是人类社会和社区的性质，这往往与西方国家更加个人主义的生活方式形成对比。非洲人民在历史上一直相互依赖，在恶劣的条件下生存，Ubuntu 体现了社会所有成员之间目标的统一和有意义的互动。Ubuntu 体现了那些维持社会成员之间和谐分享精神的所有美德，它意味着对积极的传统信仰的欣赏，以及时刻意识到个人今天的行为是对过往的反思，并将对未来产生深远的影响。一个拥有 Ubuntu 的人知道他在宇宙中的位置，并因此能和其他个人进行优雅的互动。Ubuntu 的一种含义是，在任何时候，个人都能有效地代表他自己和所来自国家（地区）的人民，因此努力按照最高的标准行事，表现出他的社会所维护的美德。Ubuntu 不是要把社区置于个人之上，也不是要压制个人的进步，而是建立在这样一个基本原则之上——当面对巨大挑战时，我们团结在一起，将会更加强大。

非洲学者认为，Ubuntu 的观念与人类本身一样古老，而且绝对是不仅仅局限于非洲的，当独立后的非洲国家开始反思他们的历史、殖民化和国家建设的前景，以及创造繁荣的时候，这种观念的普及就会变得更加突出。因此，Ubuntu 是非洲伦理学的一个组成部分，它浸透在解放、发展、身份等问题当中，它与人的诚信和尊严有关。

上个月，习近平主席发起了全球文明倡议，这代表了现代化的先进形式，追求人类进步和寻求所有人群的繁荣，是对建立在积极文化和尊重文明多样性基础上人类发展不同形式的一种认可。它植根于和平、发展、公平、正义、民主、相互尊重和自由的共同价值。西里尔·拉马福萨总统在回应中祝贺习近平主席再次当选为中国国家主席，并希望加深我们两国之间的合作，他强调非洲人国民大会一直在捍卫人类和平，反对一切社会弊端，有助于我们团结起来打败种族隔离的殖民主义压迫。他进一步强调，作为南非人，我们将始终寻求在文化和经验基础上推进最佳文明，这是来自我们的历史的自由宪章和战略、战术文件。我们的民族革命寻求在政治和人类自由、社会经济权利、价值体系和身份认同方面建立一个基于人类文明精华的社会。这种人类文明应该体现在：

首先，不断改善我们利用自然环境的手段，并将其转化为集体优势，以确保能被未来使用。

其次，它应该体现在基于政治平等和社会包容的人类关系管理之上。衡量国家、民主革命的文明使命的标准，就是如何对待社会中最脆弱的群体。两位领导人都在人类新形态方面提倡积极价值观。他们说我们必须使人们摆脱极端贫困、不平等、失业和其他社会弊病。通过合作和利益共享来追求共同发展和繁荣，而不是霸权和压迫；通过对话和协商推进持久和平而不是战争，寻求双赢的解决方案，而不是单赢或零和游戏。推动国际团结，建立一个以联合国为核心的更强大和包容的多边体系。

为实现这些崇高的目标，我们正在努力并取得了很多进展。让我们看一下人类发展指数，这些指数一直在稳步地提高。比如，在过去几年里，我们的预期寿命增长了十多个百分点；在 2020 年新冠疫情大流行期间，我们通过合作拯救了很多人的生命，协助发展中国家获得关键的疫苗和相关卫生材料；我们仍然致力于避免气候变化所带来的灾难；我们正在实施向清洁能源的过渡，同时采取预防措施，不让我们的人民陷入更贫困当中，而是继续关注扩大可再生能源，保护脆弱的社区和减少排放。

我们正在扩大在金砖国家等论坛上的合作努力，如南非推出了金砖国家的援助计划，而中国则推出了"金砖+"合作理念，这都被其他金砖国家伙伴所接受，而且得到了其他发展中国家或新兴经济体的重视，因此对金砖国家的扩展讨论产生了巨大的兴趣。总而言之，世界正面临着严峻的挑战，需要可持续、有远见的解决方案的领导，从而推动社会和人类的发展。南非将继续执行其 Ubuntu 外交政策，并将支持中国构建人类命运共同体的外交政策。

全世界都在敦促构建人类命运共同体

［巴西］马可 Marco Fernandes[*]

10 年前，当习近平主席提出构建人类命运共同体理念时，世界上大多数人并没有给予太多的关注，但是习近平主席不仅仅是在提出构建一个更好的世界或者另一个可能的世界的想法，他正在启动一项能够改善世界的实际计划。

在过去的 20 年当中，西方大国继续推动战争——伊拉克、阿富汗、利比亚、叙利亚、也门、乌克兰等和一些政变——巴西、玻利维亚、秘鲁、巴拉圭、洪都拉斯等，以确保其在"全球南方"的政治和经济利益。而中国则努力帮助我们创造一些发展的替代方案，这方面最大的案例，也就是"一带一路"倡议，已经在 150 多个国家和组织当中存在，调动了超过 1 万亿美元资源，并负责在这些国家建设了前所未有的基础设施。

出于这个原因，西方大国继续宣扬诸如非洲"中国债务陷阱"这

---

* 作者为巴西学者、三大洲社会研究所研究员。本文为作者 2023 年 4 月 4 日在"构建人类命运共同体 10 周年与人类文明新形态的创造"国际研讨会上的发言。

种谎言，即使在西方知名大学的研究也已经推翻了这个说法。研究表明，富国及其私人银行拥有非洲国家超过 2/3 的债务，基于假新闻和妖魔化中国的过程不过是一场叙事的斗争，试图掩盖帝国主义大国无法为发展中国家提供任何替代方案的事实，而中国则提供了一个具体的可能性。

正如一位肯尼亚官员网上推文所说："每次中国人来的时候，我们都有一家新建的医院；每次西方人来的时候我们就只能听一个讲座。"但正如我们所知道的，我们需要的不仅仅是讲座，就像莫滕·杰克森（音译）教授所讲到的，在我们这个时代最大的挑战之一就是气候危机，我们看到了台风、洪水、干旱、极端的热浪和寒潮的急剧增加，夺走了成千上万人民的生命，造成了巨大的经济损失，地球在呼救，但我们人类还没有听到它的呼唤。

中国人民可以为世界作出很多贡献。中国现在是迄今为止最大的可再生能源投资者和生产者，拥有全球 39% 的太阳能发电装机容量和 36% 的风力发电装机容量。在过去 16 年中，中国的清洁能源从 14.5% 跃升到了 25.5%。我们不仅需要减少对大气的碳排放，而且还需要恢复近几十年来对土壤、水、空气和森林造成的巨大破坏。从恢复死亡的湖泊到重新造林的沙漠地区，再到对因发展农业而失去的土壤进行脱盐，中国已经开发了宝贵的技术，整个世界都应该学习，这就是他们所说的生态文明，平衡人类和社会的环境发展。

未来仍然有巨大的挑战，我们知道没有一个国家可以单独解决所有这些问题，要构建人类命运共同体，最重要的事情之一是推进区域层面的一体化进程，南美洲国家联盟、拉加共同体、非盟、欧亚经济联盟、阿拉伯国家联盟、东盟，同时在全球层面，如金砖国家和上海合作组织，虽然有起伏，但所有这些平台都可能为建立一个挑战华盛顿和布鲁塞尔霸权的多极世界创造替代方案。例如，金砖国家在世界经济中占据越来越重要的地位，根据世界银行的数据，2021 年，按PPP 法计算的国内生产总值购买力平价看，中国是最大的经济体，印度排名第三，俄罗斯排名第六，巴西排名第八。金砖国家现在占全球GDP 购买力平价的 31.5%，而七国集团的份额已下降至 30%。预计到 2030 年，金砖国家的贡献将超过全球 GDP 的 50%。预计金砖国家扩张进程将会为这一倡议带来全新的面貌。

中国几乎参与了所有这些平台，或直接，或间接。比如，加入金砖国家、上海合作组织、东盟，参加中国—拉共体论坛、中非合作论坛等。这并不是巧合，这表明中国政府非常重视"全球南方"国家的主权问题。这一点在中国共产党第二十次全国代表大会上得到了重申，当时习近平主席承诺，要致力于缩小南北差距。我相信，随着全球层面政治和经济矛盾的深化，这些平台会变得更加强大。在世界出现如此多的紧张和不稳定，经济、政治和环境危机，各地战争不断和冲突威胁卷土重来时，中国共产党的一致性、稳定性代表了人类的期待，是"全球南方"的一束光。

在特朗普执政期间，俄罗斯外交官就说过，与美国谈判就像与鸽子下棋一样，有时候它会爬到棋盘上打掉棋子然后离开。在某些情况下，拜登政府也有类似的表现，比如俄乌冲突、台海紧张局势以及对中国制裁的升级。华盛顿一直坚持说中国是一个威胁，而中国人民日夜工作，自律和强大的创造力为他们自己的人民解决了巨大的挑战，并为人类作出贡献。中国把自己的经验提供给世界，让其他国家可以学习，而不是把模式强加给别人。

20 世纪初，一位革命领袖在反思历史上的时间概念时曾经说过这样一段话，有时候几十年里什么都没发生，有时候几星期就发生了几十年的大事。自从一年多以前俄乌冲突爆发以来，我们有种感觉，历史正在我们眼前加速。实际上我们每周都会看到一个或多个地缘政治事件，其中有些事件能改变世界各种力量的对比。当前，百年变局加速演进，世界进入新的动荡变革期。现在的变化，一百年都没发生过，而我们正在共同推进这一变化。10 年前还没有多少人讨论"构建人类命运共同体"，而在 2023 年，似乎全世界都在敦促这一梦想的实现。

第二章

发展中国家希望借鉴中国式现代化

开创"中国智造"新时代

都在说"中国经济太差"？谎言背后的"计划"需警惕

印度希望借鉴中国式现代化的经验

当前世界面临两大选择

开创"中国智造"新时代

［马来西亚］翁诗杰 Ong Tee Keat[*]

中国具备全产业的供应链和产业链，这是一项无与伦比的竞争优势。在全球化风行天下的年代，这也为其地方城镇具有特色的产业链、供应链带来新的契机。除了供应内需，中国各类琳琅满目的小商品更是竞相"出海"，遍布海外市场。素有"物流之都"之称的义乌市，便是载誉海外的先行者，率先以其商品让"中国制造"名满天下。

2022 年元旦，《区域全面经济伙伴关系协定》（以下简称 RCEP）的启动对义乌乃至全中国外销商品来说，无疑是巨大的发展利好。尽管截至目前 15 个签约国谁将获利最大还言之过早，可 RCEP 这个当前全球最大的自由贸易组合，是所有以出口为导向的经济体梦寐以求的市场，却是不争的事实。

光从 GDP 着眼，我们就不难看出 RCEP 的潜能。2019 年，RCEP 缔约国的 GDP 即已高达 25.84 万亿美元，超越美墨加协定（USMCA）

---

* 作者为马来西亚国会原副议长、联邦交通部原部长暨亚太"一带一路"共策会会长。本文为作者 2023 年 5 月 8 日在"新全球化、RCEP 与中国城市的未来"研讨会上的发言。

的 24.37 万亿美元以及欧元区的 18.85 万亿美元。目前 RCEP 缔约国的 GDP 总和占全球的三分之一，预计到 2050 年，其占比将攀升至 50% 左右。这项协定为世界经济带来的进账，估计每年将达 2090 亿美元，到 2030 年，预计这一数字将高达 5000 亿美元。

就税务减免来说，虽然目前 RCEP 的免税货品仅占 65%，需耗时 20 年才能突破 90%，但对中国商品的竞争优势而言，这无疑是如虎添翼的。相对地，初始阶段曾参与草拟该协定的印度，选择临阵退出，其中的关键原因是印度的贸易逆差可观，其中 70% 是源自 RCEP 的缔约国。

中国产品在 RCEP 市场尤其是东盟地区的竞争优势，势必会持续强化中国与东盟之间的相互经贸伙伴关系。值此微妙的地缘政治发展，中国产品在海外市场的占比固然重要，可它所牵动的国别经贸平衡，应该获得均等的关注。尤其是新冠疫情后经济复苏的当下，过度的逆差失衡是东盟新兴经济体所不能负荷的。

当市场准入和税务减免成为举世聚焦点时，我们必须回到订立这份协定的初心，那就是缩减缔约国之间的发展差距。RCEP 协定里第十五章"经济与科技合作"（Economic and Technical Cooperation），其实已预设空间让发展水平不一的缔约国能借此协定，在互惠双赢的基础上，缩减彼此间的贫富差距。

在这种情况下，具有产能优势的经济体向欠发达的伙伴"赋能"（empowerment）是其中可行的方案。后者没有自主研发的条件，就只能寄望其他具有优势的伙伴输出产能，并在地生产。20 世纪，多个发展中国家尝遍欧美日等国所谓"技术转移"承诺落空所带来的失望，而今，经过"一带一路"倡议 10 年的推进，中国的产能往外输出已是驾轻就熟。而且，RCEP 的产地综合条例更为中国产能乃至供应链的向外延伸提供方便。

中方可将已臻成熟的产能在境外的 RCEP 伙伴国落地，并结合当地条件（尤其是产学研方面）生产成品，同时不妨冠以当地名称，让合作方与有荣焉，但却同时保留"中国智造"（powered by China）的印记，以示对知识产权的尊重。

这种"智造"模式对东道国的自主研发无疑是一股助力，对树立后者的民族自信更有提振作用。这也势必会加强当地民众对华的正面观感，其价值并非单纯开拓市场的占比所能比拟。与此同时，这模式一旦蔚然成风，定将重塑整个供应链的布局，这或是新一波"全球化"的开始，毕竟"全球化"的初心绕不开世界分工。尽管现阶段各产业的供应链分布会不时受到地缘政治的左右，可它最终还是摆脱不了成本、市场与效益的考量。全球化的分工打破了产业链的垄断，它综合了不同国家或地区的优势互补性，使彼此的经济依存度日趋彰显。

在这方面，中方的全产业供应链一应俱全，是明显的优势。若能在"中国智造"的前提下，以中方的产能、经验和科技等提振伙伴国的自主研发和生产，这不单把中方的标准进一步地往外扩展，使其普及化，同时也为新一波的"全球化"赋上"人类命运共同体"的正能量。

都在说"中国经济太差"？
谎言背后的"计划"需警惕

［英国］罗思义 John Ross[*]

自新冠疫情以来，中国经济表现远远优于所有主要经济体，无论是发达国家还是发展中国家。但是，在中国的社交媒体上却总能看到一些人直截了当地散布"中国的经济形势比'外国'差很多"这样既与事实不符、也毫无数据支撑的谎言。

为什么以"美国永远好于预期，中国永远逊于预期"为核心主旨的言论在中国频频见诸媒体？诸多这样的话术实际上是美国情报机构发明的，那些传播这类话术的中国人只是谣言的搬运工，尽管有些人知道谣言的来源，有些人却不知道。

美国情报机构则只管造谣传谣，不会提供相关的事实或数据，因为事实或数据会拆穿他们的话术。因此，美国情报机构设法发明一些意有所指、朗朗上口的流行语。虽然这些流行语内容空洞，但可能会

＊ 作者为英国伦敦经济与商业政策署原署长。本文于 2023 年 8 月 31 日发布在观察者网。

吸引一些对事实不感兴趣的人或不调查事实的人进行传播。然后，美国情报和媒体机构花费数十亿美元利用媒体推广这类欺骗性的话术。如果一些完全不真实的东西被媒体重复足够多次，人们可能会因为它频频见诸不同来源的媒体而开始相信它是真的。

因此，本文旨在阐明两个问题：

第一，比较新冠疫情暴发至今中国与其他主要国家的经济表现。结果显而易见，中国表现优于所有其他主要国家。

第二，分析为什么唱衰中国经济的不实说法会在中国大行其道，以及真实的国际形势对中国经济政策可能产生什么样的影响。

中国与其他国家经济表现比较

在中国之外，美国关于中国经济的说法变得越来越离谱，或者说"越来越疯狂"，因为它们越来越脱离现实。比如，美国总统拜登最近发表演讲称，中国经济将增长"2%左右"。而事实上，2023年上半年中国GDP同比增长5.5%，疫情期间中国GDP增速是美国的2.5倍。他所谓的"中国退休人数超出了在职人数"的说法完全不实，至于他把中国经济比作"一枚滴答作响的定时炸弹"更像是在形容美国——美国有史以来倒闭的三家最大银行中，有两家倒在了过去一年内。

作为一个美国总统，如此罔顾事实是非常危险的。但同样奇怪的是，无论是否对美国唱衰中国经济的细节亦步亦趋，渲染中国经济"一片哀鸿遍野"，却对世界其他主要国家的真实经济状况视而不见的不实言论，也会见诸某些中文媒体。

这种完全错误的说法目的在于打击中国民众士气，并试图令中国民众相信资本主义道路的优越性，而中国特色社会主义道路"走不通"。正如下文所示，这种说法使用的关键方法之一是列宁所形容的那种"卑鄙的勾当"，即断章取义地篡改细节，并以偏概全。

那么，我们不妨用数据说话，先看一下中国经济的真实表现，以及和其他主要经济体的真实对比。

鉴于世界经济高度集中在世界三大经济中心——中国、美国和欧盟——按照当前美元汇率计算，这三个中心GDP总量占世界的60%，按照购买力平价计算则占48%，因此将首先对这三个经济中心进行比较，没有其他经济中心能与这些中心对世界经济的影响相提并论。

因此，图1呈现的是2019年第二季度至2023年第二季度整个疫

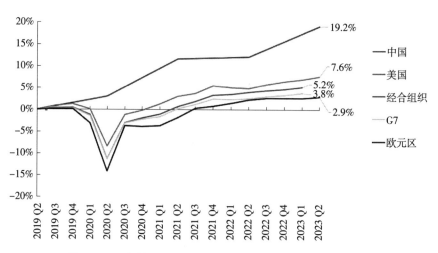

图1　2019年第二季度至2023年第二季度中国与其他主要
经济中心GDP增长比较（按不变价格计算）

资料来源：根据经合组织和"Wind"网站数据计算。

情期间这三个主要经济中心的经济表现比较。结果显而易见：过去四年，中国 GDP 增长 19.2%，美国 GDP 增长 7.6%，GDP 总量占欧盟 85% 的欧元区 GDP 则仅增长 2.9%。

也就是说，中国经济增速是美国的 2.5 倍，是欧元区的 6 倍多。

为对中国与发达经济体进行更广泛的比较，图 1 还提供了七国集团（G7）和涵盖所有主要发达国家的经合组织（OECD）成员国增长数据。就占世界经济比重而言，按照当前汇率计算，G7 和经合组织占世界 GDP 的比重分别为 43.7% 和 57.5%；按照购买力平价计算，G7 和经合组织占世界 GDP 的比重则分别为 30.1% 和 41.7%。G7 和经合组织成员国 2023 年第二季度增长数据尚未出炉，但 2023 年第一季度数据则包括在内。

鉴于此，图 2 呈现的则是中国与这些经济集团 GDP 年均增速比

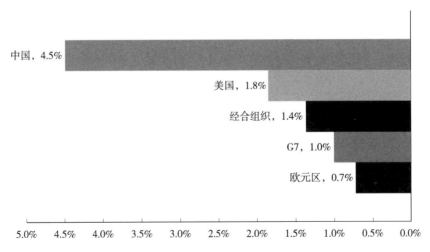

图 2　2019 年第二季度至 2023 年第二季度中国与
其他主要经济中心 GDP 年均增速比较

资料来源：根据经合组织和"Wind"网站数据计算。

较。结果同样显而易见：中国 GDP 年均增速（4.5%）是美国（1.8%）的 2.5 倍，是经合组织（1.4%）的 3 倍多，是 G7（1.0%）的 4.5 倍，是欧元区（0.7%）的 6 倍多。

简言之，中国经济表现远远优于所有主要发达国家。

图 3 呈现的是 2019 年第二季度至 2023 年第二季度中国与 G7 成员国 GDP 增速比较。在这一时期，中国 GDP 增长 19.2%，同期美国 GDP 增速是 G7 中最好的——意大利 GDP 增长 1.5%，法国 GDP 增长 1.4%，德国 GDP 增长 0.5%。也就是说，美国 GDP 增速仅为中国的 40%，意大利、法国、日本、德国、英国的 GDP 增速则仅分别为中国的 8%、7%、4%、3% 和 2%。

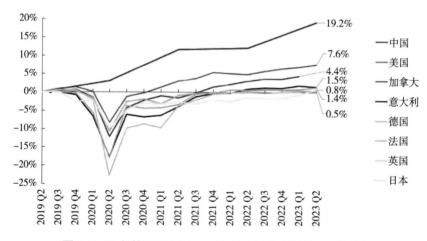

图 3　2019 年第二季度至 2023 年第二季度中国与 G7 成员国
GDP 增长比较（按不变价格计算）

资料来源：根据经合组织和"Wind"网站数据计算。

总之，无论是与主要发达国家整体相比较，还是与个别主要发达国家相比较，中国经济表现都远远优于它们。

G7 成员国加拿大只有截至 2023 年第一季度的数据，第二季度数据尚未出炉。因此，为客观反映 G7 经济形势，图 4 呈现的是 2019 年第二季度至 2023 年第二季度中国与 G7 成员 GDP 年均增速比较。可以看出，中国 GDP 年均增速为 4.5％，美国为 1.8％，加拿大为 1.2％，意大利为 0.4％，日本为 0.2％，法国为 0.3％，德国为 0.1％，英国为 0.04％。

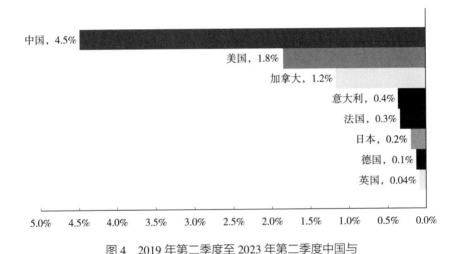

图 4　2019 年第二季度至 2023 年第二季度中国与
G7 成员国 GDP 年均增速比较

资料来源：根据经合组织和"Wind"网站数据计算。

也就是说，中国 GDP 年均增速是美国的 2.5 倍，加拿大的近 4 倍，意大利的 11 倍多，法国的 15 倍，日本的 23 倍，德国的 45 倍，英国的 113 倍。

因此，中国经济表现优于所有主要发达国家——中国的 GDP 年均增速是任何主要发达国家的 2.5 倍到 480 倍。

到目前为止，我们已经对中国和发达国家经济表现进行了系统性比较。但是，对中国与其他发展中国家经济表现进行比较同样重要，尤其是众所周知，发展中国家整体增长速度快于发达国家。因此，图5显示的是中国与具有代表性的发展中国家——其他金砖国家的比较情况。除中国以外，其他金砖国家只有截至2023年第一季度的数据，第二季度数据尚未出炉：中国GDP年均增长4.5%，印度为3.4%，巴西为1.9%，南非为0.1%，俄罗斯为-0.8%。这意味着印度、巴西、南非的GDP年均增速仅分别为中国的76%、42%和2%——俄罗斯的GDP增速为负。

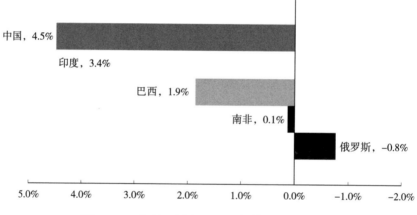

图5　2019年第二季度至2023年第二季度中国与
其他金砖国家GDP年均增速比较

资料来源：根据经合组织和"Wind"网站数据计算。

也就是说，中国的经济表现明显优于其他主要发展中国家。

因此，为了对中国与发达和发展中国家经济表现进行总结，图6呈现的是G7和金砖国家成员国GDP年均增速比较情况。G7和金砖国家包括世界上所有主要经济体，按当前汇率计算，它们合占世界GDP的69.3%。比较情况显而易见：无论是发达国家还是发展中国家，中国经济表现都远远超过它们。

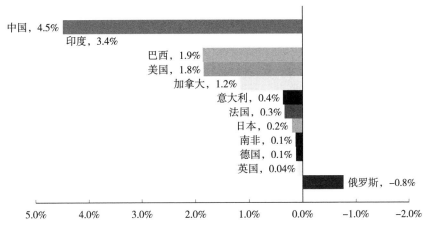

图 6　2019 年第二季度至 2023 年第二季度 G7 和
金砖国家成员国 GDP 年均增速比较

资料来源：根据经合组织和"Wind"网站数据计算。

最后，上述数据虽然引人注目，但实际上依然低估了中国经济。要充分分析中国生产力增长及其对公民的影响，我们必须考虑到人口变化的影响。

众所周知，在最近一段时间里，中国人口基本上保持不变——自2019 年以来，中国人口年均增长率仅为 0.1％，而从 2022 年起，中国人口增长实际上开始略有下降。因此，就 GDP 增长而言，中国没有从人口增长中获益——中国人均 GDP 增长几乎与 GDP 总量增长完全相同。相比之下，G7 主要国家和中国以外的金砖国家人口大幅增长——要么是国内人口自然增长，要么是移民增长，或者两者兼而有之。自 2019 年以来，加拿大人口年均增长率为 1.2％，南非为 1.0％，印度为 0.8％，巴西为 0.6％，美国为 0.5％，德国为 0.4％，法国为 0.3%。

一旦将这一因素纳入考量，中国人均 GDP 年均增速可以说是遥遥领先其他主要国家（见图 7）。举个明显的例子，中国人均 GDP 年均增速为 4.4%，印度和美国则分别仅为 2.6% 和 1.3%。也就是说，印度人均 GDP 年均增速仅为中国的 59%，中国人均 GDP 年均增速是美国的 3 倍多。相对于 GDP 总量的增长，人均 GDP 的增长更能反映国民生活品质的提高，因此，人均数据更有力地表明，中国表现优于其他任何主要国家。

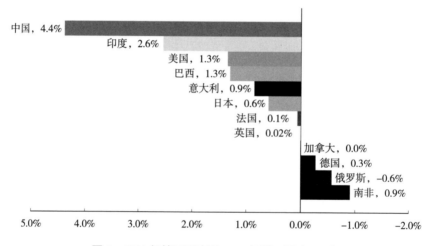

图 7　2019 年第二季度至 2023 年第二季度 G7 和
金砖国家成员国人均 GDP 年均增速比较

资料来源：根据经合组织和"Wind"网站数据计算。

上述比较清晰地证明了中国在新冠疫情肆虐期间的经济表现，从国际视角来看，我们依然有必要单独将美国经济列出来进行分析和比较。为什么？

首先，因为中国和美国是当今世界两个最大经济体；

其次，由于美国经济表现优于其他主要发达国家，因此，如果中国表现优于美国，领先其他主要发达国家的幅度只会更大；

第三，在中国，人们经常将其经济增长表现与美国进行比较。

我们有必要了解，从历史的角度来看，美国经济目前的表现有多糟糕。确切地说，从一个相当长的历史维度看，美国正经历有史以来最低迷的经济增长。由于"大萧条"是美国历史上最严重的经济危机，受叠加效应影响，美国目前的经济增速远慢于1929年后的增速。如图8所示，1929年后15年间，美国GDP增长112%；2007年国际金融危机后15年间，美国GDP仅增长28%。

虽然1929年后美国GDP短期下降幅度远超过2007年后，但2007年后美国经济的总体表现远慢于1929年后经济的总体表现。1929年后15年间，美国GDP年均增长5.1%；2007年后15年间，

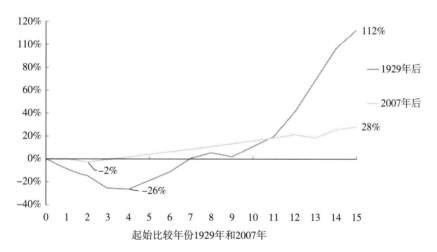

图8　1929年后和2007年后15年间美国GDP增长比较

资料来源：根据美国经济分析局《国民账户》表1.1.3数据计算。

美国 GDP 年均仅增长 1.7%。换言之，2007 年后 15 年间的美国 GDP 年均增速仅有 1929 年后 15 年间的三分之一。

由此可见，将国际金融危机后的情况描述为"大衰退"极具误导性——"衰退"往往意味着经济衰退后会走出一条"V"型复苏曲线。但事实上，美国经济复苏如此缓慢，如果一定要参照"大萧条"来为国际金融危机后的美国给出一个定义，更准确的概括是"大停滞"。当然，"大停滞"解释了特朗普—拜登执政时期美国陷入动荡的原因。

同样显而易见的是，尽管美国目前处于有史以来增长最为缓慢的时期，但没有迹象显示美国中长期经济增长呈复苏趋势。

图 9 呈现的是按照 4 年移动平均线计算的美国 GDP 年均增速比较。可以看出，美国经济增长已放缓 70 年。美国 GDP 年均增速从

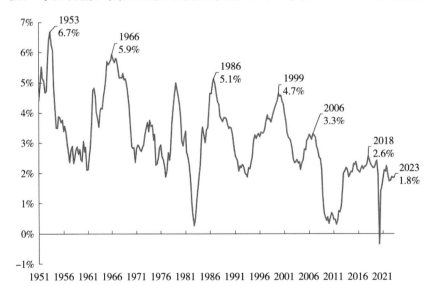

图 9　1951—2023 年美国 GDP 年均增速比较
（按照 4 年移动平均线计算）

资料来源：根据美国经济分析局《国民账户》表 1.1.3 数据计算。

1953 年的 6.7% 逐步下降至 2018 年的 2.6%。截至 2023 年第二季度的最新数据显示，美国 GDP 年均增速仅为 1.8%。

图 10 呈现的是按 20 年移动平均线计算的美国 GDP 年均增速比较。显而易见的是，呈现的是同样的趋势。美国 GDP 年均增速 50 年来一直呈下降趋势，从 1969 年的 4.4% 降至 2023 年第二季度的 2.0%，下降一半以上。

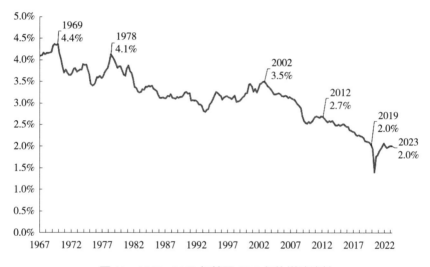

图 10　1967—2023 年美国 GDP 年均增速比较
（按照 20 年移动平均线计算）

资料来源：根据美国经济分析局《国民账户》表 1.1.3 数据计算。

那么问题来了，美国经济为什么呈放缓趋势，以及它是否有可能摆脱这种缓慢增长的态势呢？美国的宣传完全掩盖了这一真正的问题，不仅不承认美国经济长期放缓，而且宣称个人创业等因素决定着美国经济增长，尽管没有任何统计数据证明这一点。相反，美国经济数据清楚地表明，美国长期经济增长绝大多数与资本投资有关，确切地说，与净固定投资占美国 GDP 比重有关。净固定投资占美国 GDP 比重越高，其经济增长就越快，反之亦然。

如图 11 所示，净固定投资占美国 GDP 比重与按照 10 年移动平均线计算的美国 GDP 年均增速之间的相关性非常高，为 0.72。如此高的相关性意味着，如果不提高净固定投资占美国 GDP 比重，美国 GDP 就不可能大幅增长。

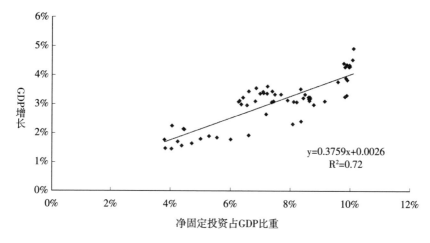

图 11　1962—2022 年净固定投资占美国 GDP 比重与 GDP
增长之间的相关性（按照 10 年移动平均线计算）

资料来源：根据美国经济分析局《国民账户》表 1.1.3、表 1.5.5 和表 5.1 数据计算。

如图 12 所示，随着经济周期出现不可避免的波动，净固定投资占美国 GDP 比重 50 多年来一直呈下降趋势——每个主要周期的净固定投资峰值水平均低于上一个周期。因此，净固定投资占美国 GDP 比重从 1966 年的 11.3% 降至 2018 年的 5.0%。自 2018 年以来，这一指标一直在下降，目前已降至 3.7%。

这种极低的净固定投资率意味着，鉴于其与 GDP 增长之间的相

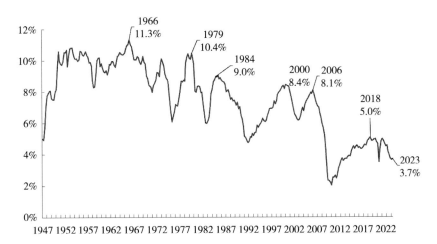

图 12　1947—2023 年净固定投资占美国 GDP 比重比较

资料来源：根据美国经济分析局《国民账户》表 1.5.5 和表 5.1 数据计算。

关性极为密切，如果不彻底改变其内部宏观经济结构，大幅提高净固定投资占美国 GDP 比重，美国就不可能摆脱缓慢增长态势。由于尚未出现这种迹象，美国仍将处于缓慢增长态势。

此外，事实上，现实甚至比上述情况更糟，因为美国资本形成净额急剧下降，美国投资越来越依赖国外资本融资。令人惊讶的是，截至 2023 年第一季度，美国资本形成净额实际上为负——美国资本消耗的增长速度已超过资本形成总额的增长速度。这个世界头号资本主义国家资本形成净额小于零。如图 13 所示，这种情况在美国历史上只发生过三次——1931—1934 年大萧条最严重的时候，2008—2010 年国际金融危机期间和 2023 年第一季度。

当然，2023 年第一季度美国资本形成净额为负并不意味着美国将陷入大萧条或国际金融危机规模的危机。有必要看看这种情况是否会持续到第二季度，以及在 2023 年剩余时间是否继续如此。但这种

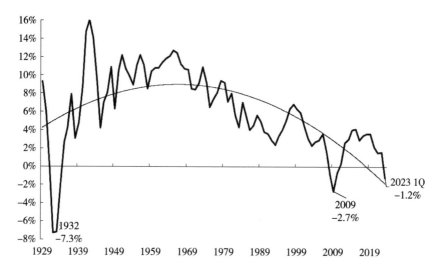

图 13　1929—2023 年美国储蓄净额／资本形成净额占
国民总收入（GNI）比重比较

资料来源：根据美国经济分析局《国民账户》表 1.5.5 和表 5.1 数据计算。

情况再次发生表明，美国经济出现了负面趋势。

总之，通过对中国与其他主要国家经济表现进行全面系统的比较，可以得出以下结论：

·自新冠疫情以来，中国经济表现远远优于其他所有主要国家。

·美国是主要发达国家中规模最大、表现最好的国家，在目前的情况下，不可能摆脱有史以来最缓慢的经济增长趋势。

当然，中国经济增速远远超过所有其他主要经济体，这并不意味着中国自身不存在任何问题。

首先，发达经济体增长极为缓慢本身就给中国带来了问题。"全球南方"（发展中国家）增长速度明显高于全球北方，但主要发达经济体增长放缓给中国带来了总体负面的国际环境。

其次，特别是在这种消极的国际形势下，需要增强内需发展动力。正如习近平主席在题为《当前经济工作的几个重大问题》的文章中指出："总需求不足是当前经济运行面临的突出矛盾。"[1]与之相一致的是，最近召开的中共中央政治局会议就当前经济形势指出："当前经济运行面临新的困难挑战，主要是国内需求不足。"因此，会议呼吁"着力扩大内需"。[2]

为什么关于中国经济表现的谎言会出现？

上述数据清楚地表明，中国经济表现远远优于所有其他主要国家，与此相反的说法事实上纯属荒谬的假新闻。那么问题来了，为什么会出现这种错误的说法？他们又将用何种方法来证明其合理性？

如下文所示，伪造事实有两个目的——一个是主观上的，从逻辑上来说很容易应对，尽管在实践中更难战胜；另一个是客观上的，则更具危害性。

伪造事实的方式无非有两种：

（1）炮制纯粹的"假新闻"（fake news），即谎言；

（2）列宁恰当地称之为统计学上的"卑鄙的勾当"——将单个的事实从语境中孤立和割裂出来进行夸大和强调，从而制造出虚假和扭曲的对于现实的判断。

第一种方法，没有事实依据纯粹凭空捏造的假新闻，涉及各种各样的话题，往往会在媒体上大肆传播。这样简单的谎言，相对来说很容易识别和反驳。但是，那些使用这种方法的人的主要目的不是以理服人，而是利用所谓的"大谎言"战术——如果一个谎言被强大的媒体或国家机构不断传播，那么尽管这是一个谎言，但由于频频见诸媒体，很多人可能会相信这是事实。

这无疑是美国得心应手的技术。历史上的案例比比皆是：北越船只于 1964 年 8 月 4 日在东京湾袭击了美国海军舰艇，这是美国用来发动越南战争的谎言；美国同样捏造谎言——伊拉克拥有大规模杀伤性武器，用来为 2003 年入侵伊拉克辩护。近年来，美国媒体关于中国局势的大量完全捏造的报道也属类似性质。

美国的此类谎言，造谣者没有提供真正的证据，也无法提供证据。但是，由于美国所使用的方法主要不是为了提供（不存在的）事实依据，而是通过强大的媒体机构反复传播谎言，因此需要同样强大的媒体机构来拆穿这些谎言。美国在假新闻项目上花费了数十亿美元，这让非国家组织难以招架。幸运的是，如果中国媒体机构能够集中资源应对此类谎言，还是能组织起强大的力量应对的。

当然，"假新闻"也是美国在经济领域惯用的一种手段。但是，就经济领域而言，纯粹的"假新闻"，即直接的谎言并不是最常见的造假手段。正如列宁所指出的，在这个领域，"最广泛使用、最错误的方法"是他形容为统计学上的"卑鄙的勾当"的伎俩——利用一些孤立的事实片段断章取义，以偏概全，从而令人以为这是事实的全貌。

这种造假手段目前尤其被用来对付中国，比如谎称其他国家经济表现优于中国。举个例子，美国一再试图声称其本国经济和 / 或印度的增长速度快于中国。有必要指出的是，新冠疫情期间，中国 GDP

增速远远超过美国和印度，甚至人均 GDP 领先优势更为突出。但是，很自然，特别是新冠疫情期间防控所造成的经济波动，并不是每个季度都发生。举个例子，2022 年第二季度，中国 GDP 同比增长 0.4%，美国为 1.8%，当时正从疫情防控中恢复的印度则为 13.3%。因此，这些数据均属实，并非假新闻：2022 年第二季度的美国或印度 GDP 增速确实高于中国，但这一季度的数据并不能代表三国经济增长的真实情况。

但一些媒体却立刻跟进，拿着"数据"借此推出诸如这样的论点："美国经济增速快于中国——看看 2022 年第二季度数据"，或者"印度经济增速快于中国——看看 2022 年第二季度数据"。这便是典型的将单个的事实从语境中孤立和割裂出来进行夸大和强调，从而制造出虚假和扭曲的对于现实的判断。

总之，中国总体经济表现优于所有其他主要国家——这并不是说中国在每一个具体变量、每一个阶段的表现都优于所有其他国家。因此，尽管总体而言，中国表现优于其他国家，但不可避免地会在某个阶段或某些指标上逊于其他国家。美国的舆论攻势正是抓住这一点，施展统计学上的"卑鄙的勾当"，以偏概全，唱衰中国经济的前景。

列宁在《统计学和社会学》一文中对这一造假伎俩进行了经典的剖析：

"在社会现象领域，没有哪种方法比胡乱抽出一些个别事实和玩弄实例更普遍、更站不住脚的了。挑选任何例子是毫不费劲的，但这没有任何意义，或者有纯粹消极的意义，因为问题完全在于，每一个别情况都有其具体的历史环境。如果从事实的整体上、从它们的联系中去掌握事实，那么，事实不仅是'顽强的东西'，而且是绝对确凿的证据。如果不是从整体上、不是从联系中去掌握事实，如果事实是零碎的和随意挑出来的，那么它们就只能是一种儿戏，或者连儿戏也不如。"[3]

简言之：

"应当设法根据准确的和不容争辩的事实来建立一个基础，这个基础可以作为依据，可以用来同今天在某些国家中被恣意滥用的任何'空泛的'或'大致的'论断作对比。要使这成为真正的基础，就必须毫无例外地掌握与所研究的问题有关的全部事实，而不是抽取个别的事实，否则就必然会发生怀疑，而且是完全合理的怀疑，即怀疑那些事实是随意挑选出来的，怀疑可能是为了替卑鄙的勾当作辩护而以'主观'臆造的东西来代替全部历史现象的客观联系和相互依存关系。"[4]

毛泽东同样强调反对这种断章取义的错误方法，正如他在《论持久战》中指出：

"战争问题中的唯心论和机械论的倾向，是一切错误观点的认识论上的根源。他们看问题的方法是主观的和片面的。或者是毫无根据地纯主观地说一顿；或者是只根据问题的一侧面、一时候的表现，也同样主观地把它夸大起来，当作全体看。……因此，反对战争问题中的唯心论和机械论的倾向，采用客观的观点和全面的观点去考察战争，才能使战争问题得出正确的结论。"[5]

与揭露简单的"假新闻"相比，拆穿这种造假方法需要更多的分析，因为它需要显示整体情况和趋势。但这种拆穿同样重要——正如列宁所说，这是在经济等领域"最广泛"使用的造假方法。因此，至关重要的是，中国要尽可能广泛地了解这种断章取义、扭曲真实陈述的造假技术，并投入足够的资源进行必要的研究，致力于拆穿这种方法。

在处理了歪曲事实的方法后，我们再分析一下他们的目的——因为他们既有主观目标，也有客观目标。前者很容易应对，而后者较难理解，且更具危害性。

试图掩盖中国经济表现远远优于所有其他主要国家的主观目标，首先是试图传播对中国的悲观情绪，其次是试图吓跑外国投资。

就第一个问题而言，其确切目的是掩盖中国特色社会主义远远优于西方资本主义的事实，并试图错误地宣称"西方资本主义优于中国社会主义"。至于第二个问题，即外国投资，由于 2022 年中国是全球第二大外资流入国，对于美国来说，阻止外国投资流入中国迫在眉睫。在这个领域，虚假宣传的目的是试图说服外国企业，中国市场增长速度慢于西方国家，因此在中国投资不那么重要。

这些目标显而易见且众所周知，因此在此没有必要进一步进行分析——对此拆穿即可。

第二个（客观）目标——散布关于中国经济增速慢于西方国家特别是美国的谎言，是试图使中国经济政策和结构发生客观上的变化。由于这一目标相较第一个目标更不易察觉、更具危害性，因此值得详细分析。特别是，要了解其确切作用，就需要弄清楚美国在中国问题上面临的实际情况。

问题很简单。正如上文所述，由于包括美国在内的西方国家的表现比中国差得多，如果中国经济结构能够像某些人希望的那样转向西方模式，复刻西方的经济结构，那么它只能以西方国家相同的速度增长。如果中国经济只以西方国家速度增长，那么由于这些国家的人均GDP 起点高于中国，中国的生产力和生活水平将永远无法赶上西方国家。

与此同时，中国将永远无法赶上美国的经济规模，从而将确保美国继续占据主导地位。即便按购买力平价计算，中国的人均 GDP 也略低于美国的 30%，这将确保中国人均 GDP 和生活水平永远不会达到美国的三分之一。如此一来，中国人民生活水平快速提高的时期将到此结束，美国将会在战略竞争中确保战胜中国。

当然，如果美国公开提出"中国应该把自己的经济增速放慢到西方国家的经济增速"的论点，不仅中国不会理睬它，同时也意味着美国承认，中国模式优于西方——美国不会允许这样的意识形态存在。因此，美国不得不隐瞒和谎报真实情况，着力于唱衰中国经济。如果大家相信了中国的经济状况比西方还要糟糕，接下来当然可以提出一个论点——中国应该转向西方模式，转向资本主义，这样其经济才能更快地增长。但是，为了让这一说法可信，必须首先散布西方经济增速快于中国的谎言——虽然事实恰恰相反。

因此，散布中国经济增速慢于西方的假消息的终极目的也是为了让中国经济结构转向西方，从而减缓中国经济增速。

不仅如此，美国还面临一个紧迫的现实问题——曾经，美国认为中国经济快速增长将成为历史，但事实上中国经济不仅快速增长四十多年，而且一直持续到现在。在这种情况下，美国首先的也是最紧迫的任务是要阻止本国人民了解真实的经济趋势，因为任何准确的信息都会破坏美国统治精英对其民众的控制。

但美国的第二个更具战略性的目标是试图阻止中国崛起。实现这一目标的一种可能方法是，虽然美国在和平经济竞争中未能让中国屈服，但美国依然拥有全世界最强大的军事力量，因此，美国试图将问题从经济领域转移到军事领域，这一计划在美国的外交政策／军方圈子内得到了一部分势力——这批人虽然不占多数但很有影响力——的公开支持。

因此，美国外交和军事界的一小撮人主张美国利用台湾问题与中国进行一场"有限战争"（非核战争）。国际反战组织"拒绝新冷战"出版的文集《美国正在对华发动"新冷战"》，对这方面的情况进行了详细分析。

但目前大多数美国外交／军事机构认为这种政策过于危险。美国军方不确定是否会赢得与中国在台湾问题上的常规战争，美国军方和外交界也同样不确定这种冲突是否会局限于非核战争——这将使美国面临核攻击的风险。因此，至少在目前，美国外交／军事界的大多数人的意见都反对发动这样的战争。相反，美国试图扭转中国经济表现优于美国的局面。正如上文分析所示，美国无法加快自身经济发展，因此美国的目标是减缓中国经济发展增速。

为实现减缓中国经济增速的目标，美国祭出了加征关税、技术制裁等措施，但这些措施仅仅影响某些经济部门。但是，历史经验表明，减缓经济增速的最有效方法是降低投资占 GDP 比重。正如上文分析所示，这源于一个事实——投资是拉动经济增长的最重要因素。正如拙文《它曾成功"谋杀"了德国、日本、四小龙，现在想要劝中国经济自杀》所分析的那样，美国在 20 世纪 70 年代、80 年代和 90 年代曾诱导其资本主义竞争对手德国、日本和亚洲四小龙降低投资占 GDP 水平，并借此击败了它们。现在美国也试图用这种手段来对付中国。

第一，这将减缓中国的整体经济增速，从而增加美国相较中国的相对经济权重，而这不仅将带来经济影响，而且还将带来国际地缘政治影响。

第二，减缓中国经济增速将降低中国消费增速，因为消费增长与 GDP 增长之间存在密切的相关性。

第三，中国经济增长放缓将使中国更难实现充分就业，并在青年失业等领域带来特别的压力。

第四，美国希望这种经济和社会问题，会增加中国社会产生政治不满情绪的机会。

对美国来说，只要目标得以实现，用哪种方法取得成功并不重要，因为其结果是肯定的——中国经济增速将下降，生活水平增速将随之下降，美国所希望的中国社会产生不满情绪的可能性增加；从地缘政治角度来讲，中国对其他国家的吸引力将下降——这将有利于美国。

为此，美国经济专家的说辞在我之前的文章中已经有所分析，这里有必要对每种方法再作一个简短总结。

消费贡献了 GDP 增长的 70% 吗？

美国及其支持者经常使用的第一个错误论点是西方"庸俗"经济

学的谬论，即明确或隐晦地声称消费是生产投入，因此消费可以成为经济供给侧的一部分。也就是说，它可以对生产做贡献。笔者之前所写的数篇文章均就这一完全错误的说法进行过分析。"消费贡献了GDP增长的70%"，是西方"庸俗"经济学得出的一些引起混淆的说法。而事实上，根据定义，消费不是生产投入，因而它对生产增长的贡献为零。消费可能占经济需求侧的70%，但它总是占供给侧的0%。而且只有供给侧才能产生产出。用经济学术语来说，消费不是生产函数投入。诸如"消费贡献了GDP增长的70%"之类的说法完全不实。正确的说法应为"70%的GDP增长用于消费"，但消费对生产增长的贡献始终为零。

拉动消费就能增加供给吗？

另一个经常传播的错误论点是"庸俗的凯恩斯主义"所提出的——它根本不是凯恩斯自己的分析——如果需求（消费）增加，必然会增加供给来满足需求——这就是所谓的"推动消费"。这个概念是错误的，因为私人生产没有自动性，即如果需求增加，供给就会增加。供给是否会随着需求增加而增加，只取决于生产是否有利可图——私营公司是以盈利为最终目的，只有在有利可图的情况下才会增加供给。尽管在某些情况下，通过增加产出来应对不断增长的需求可能会有利可图，但也有另一些情况，增加供给可能并不会有利可图——比如，如果工资或其他成本正在上升。事实上，当今中国经济最大的问题之一是即使是名义利润也比五年前低，而经通胀调整后的实际利润仍然较低。

中国的投资效率非常低下？

第三个错误的论点是关于中国投资效率低下的虚假说法。这一错误的说法被用来作为论据。因此，中国不应该将资源浪费在这种所谓的低效投资上。为确保增长，中国的战略应该是削减投资，通过提高投资效率来加快经济增长。

但事实上，比较各国投资效率很容易。衡量投资效率有一个公认的经济指标，那就是增量资本产出率（ICOR），它反映 GDP 增长 1% 所需投资总值占 GDP 总值的比重。但比较结果所示，中国投资效率低下的说法并不符合事实。实证数据证明，中国的投资在促进经济增长上的效率远高于美国和其他所有主要发达国家，也远高于主要发展中国家的平均水平。鉴于中国投资效率极高，通过提高投资效率来加快经济增长是完全不可能的——这需要超过人力所能范围的投资效率。因此，降低投资占中国经济比重必然会导致中国经济放缓。

面对外部冲击，如何稳住经济？

第四个错误的论点是试图扰乱中国对于眼前经济形势的应对策略——比如经济周期的特定阶段，或新冠疫情或自然灾害等外部冲击的影响。

在某些情况下，如经济受到外部冲击后的情况，必须采取短期措施大力刺激消费——2022 年新冠疫情严重抑制了中国的消费，闲置产能得到盘活，2023 年初极有必要刺激消费。但这源于特定的情况，即由于经济周期的阶段性、外部冲击等原因，消费在一定时期内一直处于低迷状态。这种必要的反危机措施不应与美国试图战略性地提高消费占中国 GDP 比重相混淆。

"提高消费"这一笼统的说法，掩盖了消费占 GDP 比重和消费增长率这两个不同概念之间的差异。这是个重大错误，因为两者背向而行——消费占 GDP 比重越高，消费增长速度就越慢，因为降低投资占 GDP 比重会导致 GDP 增长放缓。因此，提高消费占中国 GDP 比重将降低消费中长期增速，从而降低消费水平 / 生活水平。

但上述论点都是直接针对经济学家的。大多数人不知道何谓真正的凯恩斯主义，不知道 GDP 增长与消费之间有何相关性，当然也不知道什么是生产函数或增量资本产出率。因此，亲美圈子进行更多大规模宣传的目的，只是试图让人们相信西方国家经济增速快于中国。如果成功了，那人们自然也就对他们开出的药方，所谓"中国需要通过大幅提高消费占 GDP 比重，使其经济结构转向西方经济结构"亦步亦趋。因此，要想通过这种途径说服人们，就没有必要对上述经济增长结果进行详细的技术论证，关于西方经济增长表现的谎言只是试图让中国大幅提高消费占 GDP 比重，从而减缓中国经济增速以确保美国优势。

这可能会令中国陷入恶性循环，这无疑是美国乐于看到的。一旦中国相信了虚假的宣传（中国经济的表现很差），并且接受了错误的方案(提高了消费占 GDP 比重)，那么这无疑将给中国经济带来问题。主张这种转变的人会进一步宣称，增长放缓是因为中国转向西方经济结构不够彻底，因此必须进一步转向消费——这将使情况进一步恶化。然后，当情况有所恶化时，他们会说："看，情况很糟糕，所以我们需要将经济增长的重点转向消费。"等情况变得更糟时，他们会说："看，情况变得更糟了，所以我们需要进一步提高消费占中国经济比重。"然后每当情况越变越糟时，他们总有一套类似的说辞。

这是一个恶性循环，也解释了为什么厘清这种对于消费作用的错误认识对当前中国经济至关重要。除了推翻社会主义让中国重蹈苏联覆辙，这个看似技术性的问题实际上已成为决定中国未来经济的最重要的战略问题。中国无法脱离经济规律而发展。正是出于这个原因，美国及其西方盟友才穷尽洪荒之力，试图让中国在经济政策上犯错，只是这场"减缓中国经济增速运动"的缩影而已。

有必要指出的是，试图掩盖中国经济增速远超其他主要国家这一事实的行为，有着进一步的动机。

首先，发达国家增长放缓本身就给中国带来了问题。它们增长放缓也减缓全球经济增长——这是中国面临消极的外部经济形势的主要因素。因此，必须要明白，未来一段时间内，中国将基本上完全依赖内需。发达国家增长放缓意味着，在不久的将来，国际贸易可能会对中国经济表现产生中性甚至负面影响。

其次，任何关于发达国家经济表现良好的错误观点都会产生影响，这会导致人们错误地希望这种良好的增长态势可能有利于中国经济，从而低估了提振中国内需的必要性。由于中国在未来一段时间的增长基本上取决于内需，在发达国家增长放缓的背景下，这种政策立场具有严重的破坏效应。正如习近平主席所说："总需求不足是当前经济运行面临的突出矛盾。"[6] 因此，提振中国经济的关键是扩大内需。

结　语

综上所述，如果多数人相信了"其他主要国家经济表现优于中国"的不实说法，会产生诸多破坏性后果，在这之中，这样的谣言攻势最决定性的目的无非是如下两个：

首先，从主观上讲，它旨在打击中国民众士气，并试图吓退外国投资；

其次，它旨在忽悠中国降低投资水平，进而使中国经济产生破坏性后果。

因此，在中国媒体上彻底拆穿这类话术，并且彻底了解这种话术背后的动机是非常有必要的。

注　释：

[1] [6] 习近平：《当前经济工作的几个重大问题》，《求是》2023 年第 4 期。

[2]《中共中央政治局召开会议　分析研究当前经济形势和经济工作》，《人民日报》2023 年 7 月 25 日。

[3] [4]《列宁全集》第 28 卷，人民出版社 2017 年版，第 364—365 页。

[5]《毛泽东选集》第二卷，人民出版社 1991 年版，第 447 页。

印度希望借鉴中国式现代化的经验

[印度] 穆罕默德·萨奇布 Mohammed Saqib[*]

作为一名经济学家，我主要从事基础研究，尤其是对第一产业的研究。印度认为中国的现代化是一个了不起的主题，每个人都认为印度是一个足以与中国竞争的大经济体。虽然我们已经是世界上经济增长最快的经济体之一，但我们也希望能够超越这些奇迹。我们不仅仅希望借鉴中国的经验，更希望将其作为其他发展中国家的典范。

我也不知道我们是要进入第二产业的发展，还是可以直接进入服务业的跨越式发展，我觉得中国的现代化对我们是有借鉴意义的。我首先想要引用习近平主席曾经说过的一句话，他说："我们要高举和平、发展、合作、共赢旗帜，始终站在历史正确一边，践行真正的多边主义，践行全人类共同价值。"这个也是我们所有人在这个时代所需要的。

在过去的 70 年里，我们生活在一个由西方主导的世界中。尽管

---

[*] 作者为印度中国经济文化促进会秘书长。本文为作者 2023 年 11 月 18 日在首届"通州·全球发展论坛"上的发言。

一些南方国家和发展中国家,如中国和印度,取得了很大的进步,但它们在全球政治中并没有很多的话语权。事实上,在过去,中国也曾被认为是发展中国家取得进展的典范,但它的意见在过去并不被重视。

在过去,我们往往认为,为了发展项目,我们必须要与美国、欧洲、世行或 IMF 等国际组织合作。但是,中国找到了一种新的方式,可以依靠自身的实力实现发展。这给全世界所有发展中国家带来了希望。他们可以不再依赖西方国家的影响,实现独立发展。这是非常重要的。

中国式现代化是中国发展的一个独特特征,其本质在于中国特色社会主义,将社会主义和资本主义的长处结合,同时彰显了中国悠久的文明和历史。我们高度重视中华民族的优秀文明和遗产,这是中国独一无二的地方。

中国式现代化强调经济增长和发展,但同时也注重发展成果的普惠和人民福祉的提升。这种平等、福祉、社会稳定的重要性是其他国家发展模式所不具备的。在美国和欧洲的发展进程中,并未考虑到这些因素。

当然,中国也存在着一些贫富差距等社会问题,但是重视并积极解决这些问题。正因为如此,中国能够在短时间内成功让 8 亿人脱离贫困。中国的领导人非常注重实现社会公平,这也是中国经济快速发展的重要原因之一。在我们的发展过程中,将继续致力于解决这个问题。

中国注重社会福祉和平等,关注少数民族、老年人和农村居民等社会群体。中国推动更加平衡的经济发展，包括可持续的社会环境发展，致力于建设和谐社会，为每个社会成员创造幸福。

我想提醒大家的是，尽管这些事实都很明显，但我们在印度却忽略了这一点，因为我们的社会也存在类似的弊病，我们必须重视这些基础方面。中国的发展议程中充分考虑了每一个人的需求，中国不仅关注国内的人，也会关注世界其他国家的发展。这种包容性是中国独一无二的，也是其他发展中国家所无法比拟的。

中国经历了前所未有的经济增长，使得8亿人在短时间内脱离了贫困。如今，中国已经成为全球增长的引擎，中产阶级人数不断扩大，高新技术产业快速发展，这些都彰显了中国式现代化的成就。但是，我们不应该忘记一个重要的事实，那就是中国始终坚持人类共同价值观，尤其是"人类命运共同体"理念，这种理念强调了合作和协作的重要性，各国需要携手共同解决全球面临的共同挑战，促进可持续发展。

每次中国领导人发言的时候，他们都会强调合作的重要性。中国认识到只有通过合作才能让世界发展，因为他们希望能够推广真正代表世界人民的共同价值观，"人类命运共同体"理念也是中国在世界范围内扮演更加有建设性角色的一种尝试。这个理念植根于中国的传统文化，就是合作、互赢和和平共处。中国式现代化也关注科技和创新，让中国成为人工智能、生物科技和可再生能源方面的全球引领者。

当前，全球范围内南方国家面临着快速发展的挑战。在这个过程中，中国式现代化为南方国家提供了重要的参考。因为最终，中国将成为其他国家学习的榜样，带领它们走向繁荣发展的道路。比如，非洲可以直接采用中国的新发展范式。同时，我们也必须意识到，没有工业和制造业的发展，任何环保和其他创新都无从谈起。因此，在任何地区的发展中，都需要工业和制造业的支持。未来，我们需要更多地在工业和产业上进行创新，以创造更多的就业机会。

中国的外交政策也成为全世界的优良典范，和发展中国家的合作是它的成功之路。其实大家都非常愿意和中国合作，他们非常喜欢中国。

为什么呢？因为可以学到很多东西，获得很多回报，这些国家可以在合作中提高自身能力。

现在似乎没有太多人关注和印度的合作，这可能是因为大家担心目前中国和印度的合作会给他们带来不安全感，如在文化或经济方面的侵入感。然而，随着时间的推移，这种感觉会逐渐消失，我们可以看到清晰的局面。

当今我们习惯于西方的思维模式，在考虑合作关系时，更多地关注利益的平衡。因此，在探讨中国的发展道路时，我们需要寻求另一种发展模式，让所有人都能在合作中获得发展空间，实现共同繁荣。事实上，历史证明中国和西方的发展模式存在差异，因此我们应该以不同的思考方式看待问题。

中国在现代化过程中为全世界提供了很多有益的参考，并且逐渐探索和发现了一个成功的模式。这种模式为全球提供了一个新的思考方式和参考角度。因此，我相信中国的发展和现代化范式最终将为全球带来益处。

当前世界面临两大选择

［巴西］伊莱亚斯·贾布尔 Elias Jabbour *

　　许多全球性问题、我们未来的选择以及世界需要什么样的发展，中国是最重要的实验室。例如，2020 年中国宣布消除绝对贫困，应该被视为人类历史上最伟大的成就，即使是人类征服外太空也无法与此相比。为什么这么认为？国际组织警示说，在 2030 年之前，世界上不可能克服绝对贫困。实际情况是，世界上最富有的 10% 的人占世界收入的 52%，而最贫穷的 50% 的人只获得总收入的 8.5%。在财富方面，差异甚至更大：最贫穷的一半人口仅拥有世界财富的 2%（在巴西不到 1%），而最富有的 10% 的人拥有世界财富的 76%。在世界上最富有的国家——它认为自己有责任捍卫"民主"和"人权"——2022 年，美国约有 582462 名无家可归者，而 2020 年为 580466 人。

　　值得记住的是，在 1949 年，也就是新中国成立的那一年，中国是世界上人均收入最低的国家之一。无法想象，74 年后，中国将脱

---

　　* 作者为金砖国家新开发银行行长与研究部顾问、巴西里约热内卢州立大学经济科学系教授。本文为作者 2023 年 11 月 18 日在首届"通州·全球发展论坛"上的发言。

贫攻坚战变成了一门科学。这门科学的诞生是为了在一个人口约占世界五分之一、却只有5%的土地适合种植的国家寻找解决方案。但是这个问题似乎无法解决。社会主义制度，中国工业化进程的迅猛发展，基于大数据、人工智能和5G等新兴技术创新的广泛社会应用，新型和优越的经济计划形式，以及对金融发展的政策引导，这些因素解释了中国为什么成功。不仅如此，它们已成为未来全球化进程中成功的关键因素。

作出选择并不容易。美国2008年的金融危机，以及针对中国的技术制裁和广泛使用美元作为经济制裁的武器，导致全球价值链的严重危机。自2008年以来，气候变化每年会导致100万人成为难民人群。我们必须揭露这样一个事实，即世界需要的变革遭到了某些发达国家的强烈反对。那些对2008年国际金融危机负有主要责任的人仍然在美国掌权，我们今天仍然能感受到他们的影响。

我们不是孩子，我们不相信圣诞老人。大家都知道，从布雷顿森林体系中诞生的金融体系，主要是国际货币基金组织和世界银行，而这些都是为美国国家战略服务的机构。20世纪80年代和90年代不仅是南半球失去的几十年，除了中国等个别国家外，实际上是国际上和国家内部贫富两极分化加剧的几十年。

财政紧缩一揽子计划仍然是受国际货币基金组织和世界银行约束的不发达国家必须遵循的条件。在一个经历巨大需求危机的世界里，导致经济衰退的策略仍在世界范围内大规模使用。同时，金融产生的财富正在成为世界的生存威胁，正如历史所表明的那样，失业、饥饿、缺乏希望和期望与霸权主义的兴起之间存在直接联系。

面对这一现实，世界面临着两种选择：要么继续在金融和新自由主义全球化下苦苦挣扎，要么加入中国提出的"一带一路"倡议，实现另一种新的全球化。这不是一个为了发展而坚持发展的问题，而是要克服一种将世界引向死胡同的秩序，并走向另一个既能生产伟大的公共产品，又能将积累的技术社会化，从而指向一个消除极端贫困人群和战争，能解决威胁人类的严重气候危机的共同未来。

需要特别指出，目前国际局势混乱，夹杂着常规战争和多个国家间的混合战争，而这其中存在利于各种恐怖主义滋生的条件。即便如此，我们仍然寄予厚望，期待着世界真正的和平。经过经济社会的不断发展和生产力的提升，可以看到在中国消除大规模贫困不再是乌托邦，而是一门科学和具体的国家工程。在非洲，新的民族解放运动表明，历史远未结束，拉丁美洲仍然是所有热爱生活的人希望的土壤。

第三章

共建"一带一路"倡议促进世界经济全球化

"一带一路"倡议将在 2049 年展现巨大成就

我们不需要免费的帮助,需要平等互利的合作

"一带一路"倡议要着眼现在,也要放眼未来

"一带一路"倡议成为全球价值观和多边主义的典范

中国不必任由西方编故事

中国身边有朋友,而不是盟友

全球发展的最大"绊脚石",是美国的"寄生性资本主义"

"一带一路"倡议将在 2049 年展现巨大成就

[罗马尼亚] 阿德里安·讷斯塔塞 Adrian Năstase[*]

我依稀记得，在 20 世纪 90 年代，作为罗马尼亚外长的我受到了当时的中国外长、非常知名的中国外交官钱其琛——他是一位极具智慧的中国官员——的邀请。我仍然记得，在我们与他的会晤上，同时出席的还有几位其他中国官员和参会人员，大家一起探讨有关中国的问题。当时他问了一个问题："罗马尼亚的人口是多少？"我的回答是2000 万人。他回答说："所以你看，2000 万人口，相当于中国每年新增人口数量，我们要为他们提供工作、住房和食物，可能我们谈到这个的时候，价值观会是相同的。"

我们的价值观未必相同，而有时候，就算拥有相同的价值观，其具体表现形式又有所不同。当我们提到自由、提到人权的时候，你是更加关注个人的自由还是社群的、集体的自由？尽管我们所采取的自

---

* 作者为罗马尼亚前总理。本文为作者 2023 年 5 月 19 日在"中国式现代化与'一带一路'的未来"国际研讨会暨报告发布会上的发言。

由形式和对其理解是不一样的，但核心都应该是：文明的发展应该是要共存，而不是要互相打击。我们必须要互相依存，每一个民族、每一个文明都有自己的生存权。全世界有很多现代化发展的模型、范式，我们总喜欢在国家之间进行比较，在社群发展之间进行比较，把自己的现在和过去进行比较。在这几年当中，我也在不断地阅读一些中国领导人的发言，也从他们的书籍当中不断地吸取经验。

我知道几十年以来，中国发展的核心在于内部的发展、内部的进步，也就是代表着中国的人民必须要迈过贫困线。最近我也关注到中国外长所作的演讲，他列举了一些令人非常吃惊的数据。我相信，这些数据对于全球大部分人来讲都是非常陌生的。所以，举办像今天这样的发布会或者论坛是极具意义的，这样可以让外界的人了解中国发生的变化。

关于中国在过去30—50年发展的意义和途径，我想给大家分享一些我的想法和观点。我用这些观点去界定我们的愿景，而全世界是需要这样的愿景的，我们可以称之为发展，或者称之为现代化的进程。我们需要把它们和文明结合在一起，和安全的概念结合在一起。

我也非常了解，中国的领导人，包括习近平主席所提出的一些议题和倡议是相互联系的，我想这一点非常重要。我认为在中国取得如此大的发展成就之后，尤其国内取得快速发展之后，这样一个进程在我看来是可以称作一个世纪项目的工程，那就是"一带一路"倡议。这是一个非常大的项目，大家在2049年可能将会看到它非常大的成就。当然，大家还很年轻，到2049年看到这样的成果还是很容易的。

同时，我认为，世界需要"一带一路"倡议，而且"一带一路"

倡议这样一个非常伟大的构想是不能够由某一个单独的国家去实现的。所以，需要确定一下集体的现代化意味着什么？我们需要怎样的合作？我坚信十年前发布的"一带一路"倡议是个非常重要的构想，一个非常伟大的倡议，它把中国呈现在了世界舞台上。

发展的第一个阶段，也就是现代化的第一个阶段，是关于内部的发展，这也使得中国能够进入国际市场，走上世界舞台。所以，这就是为什么我们看到这样一种模式，美国在最初支持全球化的进程，但现在他们更多采用了保护主义的措施。中国在最初可能也会关注对自己国内的保护，但现在中国非常支持全球化的发展。因为一个国家的发展其实非常大地依赖于各种资源和投资。

而在三角形的关系中，最重要的关键词是"现代化"，中国领导人所提出的这样一个概念，意味着中国进入了一个新的发展阶段。当然，我相信大家肯定比我更加了解习近平主席所提出的这一概念，而且大家也更加熟悉"一带一路"倡议下所有的细节信息。给我留下非常深刻印象的是，在经济增长这个议题之外还有更多的关注点，包括文化。我们需要重新评估我们的传统、我们的习俗，要从我们的根基开始来实现未来的发展。这对所有国家来说都是一种重要的方式。

我在罗马尼亚担任总理时也同样面临过这些问题或议题。我知道这些议题是非常重要的，同时尊重差异也是很重要的，我们要接受这一点，要接受在不同文明之间的对话。联合国教科文组织提出过这样的框架，我们要在不同文化之间接受彼此的文明，尊重彼此的文明，而避免文化和文明的冲突。中国人民可能了解过去所面临的一些问题。或者像《1984 年》——乔治·奥威尔这本书所映射的，未来是充满问题的，希望吸引我们的注意力，让我们关注未来会发生什么。

有一些其他的解读可能也是比较重要的，比如，大家可能读过格雷厄姆·艾利森的作品，看到我们现在所面临的一些陷阱。这就告诉我们，要如何去理解威胁，不仅要知道威胁是什么，还要更好地理解为什么，包括"修昔底德陷阱"这样一些情况。所以，我们要去思考一下发展如果不平衡的话，可能就会形成一定的霸权现象。这就让我想到了我们对未来的愿景，尤其中国对未来的愿景。

我对中国在这方面作出的努力非常赞赏，这不仅是关于经济发展的数据，更为重要的是我们要有一个愿景，去理解明天会发生什么，比如是否会下雨？明天会有哪位朋友过来？下雨的时候是否有朋友过来？我们是不是和朋友加强一下联系？同时，我们还要更好地理解明年会发生什么，10年之后会发生什么。我们所有人都有相应的责任，对我们星球的未来都负有责任。现在我们面临着一种非常困难的局面，如现在的军事冲突等。我来到这里，其实也是希望强调一下对话和彼此理解的重要性，可能在这种社会契约之下，我们会有一些差距，而个人和国家之间，或个人和群体之间的关系也是很重要的。在欧洲，我们可能更多关注的是个人的权利，而不是国家整体的权利，也并不是很关注个人的责任。在这样的机制之下，我们只会想到两种公民的责任。这种理论是在欧洲盛行的一种理论，尤其是从18世纪开始在欧洲盛行。我们可以这样理解，在世界上中国所处的这个地区，人民的关系是更加平衡的，而且有些时候集体可能比个人更加重要。我们并不是过多地强调责任和义务，但如果让个人也能够过上非常好的生活，这也是他对社区取得进步的一种贡献。

还有一些其他的例子，我们有这样的说法，叫作"法治"。当然，我们所有的政府或所有的部门所制定的一些规则，在国内都可能有些人不是特别满意，比如，美国总是希望把自己的法律体制强加在世界所有的国家之上。当然，世界是需要秩序的，需要权力之间实现平衡，要把国际秩序从单独国家统一的状况转变为多边体制下的一种秩序。

我想强调，美国的民主当然也给我留下了很深刻的印象。我记得基辛格——给我印象深刻的一位外交官——上周他和《经济学人》杂志进行了对话，他讲到了中国，讲到了世界上的冲突。大家知道，基辛格先生写过关于中国的著作，他的结论是非常重要的。他也强调不明智会有很多风险，而有时候某些观念会导致冲突的升级。我希望传达这样的信息，我们已经做好了和中国学术界进行合作的准备，也包括在政治领域进行合作的一些准备。

我们不需要免费的帮助，
需要平等互利的合作

［吉尔吉斯斯坦］卓奥玛尔特·奥托尔巴耶夫

Djoomart Otorbaev*

在中国未来发展的道路上，我们看到的是不断涌现的人才以及一张张充满生气的面孔。在这里，我们齐聚一堂，气氛令人感动。每次站在这里，能够分享自己的经历都让我感到荣幸。

新冠疫情开始之前的 2019 年，我曾在中国人民大学发表自己的观点。中国成功应对疫情之后重新开放，又能够站在同一个舞台上，昨日重现，真是非常高兴。虽然有疫情的影响，但在过去三年，我们团队的研究工作并没有停止，还是发表了很多文章。《"一带一路"十年答卷》是非常重要的研究成果，中国人民大学张东刚书记作为丛书的总编辑，付出了很多心血。

会议现场有 50 多家媒体，这表明丛书以及国际研讨会受到广泛

---

* 作者为吉尔吉斯斯坦前总理。本文为作者 2023 年 5 月 19 日在"中国式现代化与'一带一路'的未来"国际研讨会暨报告发布会上的发言。

关注，研究成果也可以更快发表、更快宣传。疫情之后，我能看到有这样的活动也非常开心。三年半前疫情发生时，世界好像对我关上了大门，我没有事情做，就写文章，大概写了 200 多篇，90% 都发表在中国的媒体上。我重点关注的角度是面向世界、面向双边关系发展、生态文明，等等。

对中亚国家来说，因为直面地理屏障，大山把中亚、东亚以及欧洲隔开，古代丝绸之路的出现让人感慨，现在又有了新时代的丝绸之路，让人们能够跨越山川，更加紧密地联结在一起。2023 年 5 月，我们在西安召开了一次峰会，中国和中亚的国家领导人共聚一堂，探讨如何更好地沟通交流，创建合作发展，重建古代丝绸之路。因为人们知道中世纪的中亚地区非常繁华。古代丝绸之路的开通，让我们直接看到了贸易畅通。沧海桑田，人们也看到了历史变迁带来的影响。

中欧班列开通带来新机遇。每 2 小时一班，让贸易重新变得顺畅，从重庆到欧洲的货物列车只需 11 天。2022 年，中欧班列开行 1.6 万列，大大提升了中欧间的运输效率，这是共建"一带一路"的重要成就。以对中亚地区的实际影响来说，我们应称之为"新亚洲铁路变革"。

中国省际列车相互连通也十分重要，人们不需要从上海某个港口出发把货物运到欧洲。重庆、西安或者兰州这样的城市都可以作为起点，而时间仅需 10 天，比海运还要快。中国到吉尔吉斯斯坦和乌兹别克斯坦的公路和铁路，能够很快地周转货物。这是"一带一路"项目能够带来的最具体的效果。

2022 年俄乌爆发冲突。尽管如此，国家间的贸易还增长了 10%。

这意味着不管战争如何发展，人们对贸易的需求都不会受到（严重）影响。有些人探讨过如何通过中亚建立起经济通道和走廊，把更多的地区、更多的国家连接起来。对"一带一路"未来的发展，我们应该保持乐观。因为人们可以从义乌直接把货物运到欧洲，不需要再找一个中转站，这就是基础设施连通的重要性。

在未来的几个世纪中，中国都将会扮演非常重要的角色，人们需要关注如何培养人才。人才非常重要，未来的领袖非常重要，他们将彻底改变世界，这说明中国人民大学要在这个过程中成为引领者。

"一带一路"需要从量变到质变。中国和150多个国家在"一带一路"倡议的框架中进行合作，需要回答一个问题：如何能从量转向质的发展，尤其是在具体项目的管理上？

中亚国家不需要免费的帮助，需要的是互利共赢的合作，需要共同努力，包括项目管理、共享资源以及资金援助。人们可能有这样的想法，认为"一带一路"就是免费给大家提供午餐，但这是错误的。我们必须要以合作伙伴的方式，通过切合实际的方法进行合作。免费的资金援助反而会阻碍受助国家和地区的发展。我们要共同努力，共同创造产品。

中国还有2万亿—4万亿元资金是能够进行投资的，这些投资要妥善管理，要转化成信用工具，这就要求我们关注以下两个方面：

第一，对主权债务和担保要进行正确管理，否则一定会影响中国的发展。中国有很多的机构，包括国家开发银行、亚投行等。需要有恰当的贷款政策，要建立评价机构或体制。比如由亚投行建立这样的评级机制，就能够更好地让其获得国际上3A级的评价，树立声望，然后更好地进行投资项目的管理。

第二，中国人民大学重阳金融研究院是金融学院，可以研究如何提高"一带一路"倡议发展的品质和质量。当然，要注意在投资过程中避免失误，否则会让投资人失望。可以通过商业银行方式建立起良好的国内信用评价体系，这样才能够更好地确保未来10年"一带一路"倡议的发展质量。

我之前提到过，中亚国家需要的是合作，而且是平等的合作，互利共赢的合作，我们共同为这些项目进行融资。另外，要对人才进行投资，吸引更多的外国专家，或者让更多的外国人来学习中文，这将会是"一带一路"倡议在人文领域的另一种发展。

"一带一路"倡议要着眼现在，
也要放眼未来

［塞尔维亚］鲍里斯·塔迪奇 Boris Tadic[*]

10 年前，习近平主席首次提出"一带一路"倡议，是为了更好地促进国际关系的发展以及国际贸易的畅通。我们一直在思考"一带一路"倡议，认为这个想法是非常重要的，因为它提倡互惠互通，提倡所有相关方都能够从中获益，所有参与方都能够从中受益。

我们看到，过去 10 年间，许多基础设施项目取得了巨大进步，同时中国也给很多发展中国家带来了翻天覆地的变化。我们亲眼见证了很多和平倡议的提出以及发展。我们也看到，在"一带一路"倡议提出的初期，没有预想到它未来会带来怎样的政治变化以及在全球产生什么样的影响。

现在我们又看到俄罗斯和乌克兰之间的冲突，叙利亚和中东也存在冲突和战乱，还有土耳其的加入。日前，在习近平主席的带领下，

＊ 作者为塞尔维亚前总统。本文为作者 2023 年 5 月 19 日在"中国式现代化与'一带一路'的未来"国际研讨会暨报告发布会上的发言。

中国参与解决沙特阿拉伯和伊朗之间的冲突，让二者达成和解。今天我们所看到的种种迹象表明，这是人类在历史发展进程中面对的不一样的阶段。10 年前，我们无法预测今天发生的事情，如军事政变、军事冲突等。同时，作为个人，我们也要思考未来 10 年又会发生什么，这是我们现在没有办法预测的。

我想这也是中国人民大学师生以及智库今天所做的研究的意义所在。我们所做的这些思考是非常重要的，因为所有这些研究成果都在为未来发展、未来走向以及"一带一路"更好的明天作出贡献。这就是今天我来到中国人民大学，看到一张张稚嫩的脸庞、看到各位师生热情洋溢的笑脸感到高兴的原因。因为我知道，大家不仅要了解历史，同时也要了解未来、预测未来，预测我们未来会面临什么样的问题以及如何解决这些问题。

这其实不是我第一次来访，在我担任塞尔维亚总统时，2009 年我曾来中国访问。当时我与中国的领导人主要探讨了两个国家之间面临的发展问题，同时更好地促进双方的互动和发展。当时很多塞尔维亚人问我：塞尔维亚这么小的一个国家，只有 1000 万人，但中国有将近 14 亿人口，我们这两个国家国土面积差距非常大，人口规模差距也非常大，为什么我们会建立起这样的双边互惠关系？我们愿意和中国成为战略伙伴的原因是什么？作为一个东南欧国家，我们愿意与中国建立起良好的关系，而且中国愿意和不同大小的国家一起探讨这些问题。

今天与 14 年前我在签署塞尔维亚与中国战略伙伴关系联合声明时所面临的国际风云已经不一样了。今天土耳其和印度都已经崛起，现在印度是非常有影响力的国家。我们现在要建设的"一带一路"，既要着眼于现在，同时也要放眼于未来的发展，所有这些国家都要加入进来。今天，我们也与中国人民外交学会会长有过相关的会谈，会长对于"一带一路"倡议的见证和设想，我认为非常具有建设性。我们在探讨未来面临的问题时，我提出，随着世界的改变、政策的改变，这些挑战也会随之而改变。所以，在未来，我们将面临何种不同的问题，这是目前现阶段发展需要考虑的。

例如，在建立基础设施方面。基础设施可以让中国与中亚国家连接起来，也可以和南亚、欧洲特别是西欧国家建立连接。我认为，让西欧国家也加入"一带一路"是我们下一步的计划。让西欧国家与中国这些城市更紧密地联系在一起，这是基础设施上的变化以及我们建设基础设施的目标。

在海洋方面，从传统意义来讲，"一路"就是要建立起海上通道，所以我们要建立港口、投资港口，因为投资港口不仅对于中国的经济发展非常重要，同时也可以让不同国家之间的贸易更加畅通。我非常欣慰地看到中国和希腊之间促成了港口合作，我也非常高兴能够参与其中。今天，我们也谈到了在意大利西西里等不同地区港口的合作潜力。我们可以在西欧国家和中国之间建立一些联系，更加高效地实现航运的贸易合作。

在塞尔维亚，国内的水运河道能够直接连通北海和黑海，所以就能直接连接欧洲大陆，而且能创造出更好的交通运输通道，从而让西欧产品能够更好地与中国进行贸易互通。

在全球交流过程中，我们也应该讨论关于全球变暖这样的话题。

14年前我们可能没有想到，随着全球变暖问题的出现，像北海这样的通道现在也面临越来越多的挑战。北海领域有越来越多的通道正在打通，所以也创造了更多的机会，我想这一定会给中国朋友带来更多的价值，我们也会不断增加对这个领域的了解。当然，机遇很多，同时也要去思考现在所面临的共同挑战。

我们面临着一些影响全球的挑战，有来自经济方面的，也有关于粮食安全方面的，这些挑战可能会带来一些新的危机，当然也包括俄乌冲突。中国提出俄乌冲突要通过和平谈判的方式来解决，这是中国提出来的"全球安全倡议"中非常重要的一点。各个国家都要尊重彼此的主权和领土完整，这也是《联合国宪章》非常重要的原则，是我们实现和平解决问题的基石。对于我们国家来说，中国完全尊重塞尔维亚的主权和领土完整，但塞尔维亚面临的问题是——我们国内一些地区被西方国家认为属于独立的国家。中国不同，它在帮助我们解决问题，和它在俄罗斯与乌克兰问题中扮演的角色一样。中国现在以及未来都会尊重塞尔维亚的主权和领土完整。

我一直都致力于和青年人进行更多交流和沟通，我不能说我们是老人，但我们是经验比较丰富的人。我一直致力于把我们的观点、知识和经验与年轻人进行分享，因为你们是未来的决策者。当然，我过去也是年轻人，可我在年轻的时候并没有想到自己会成为我们国家的总统。但我相信，在你们的朋友当中，将来一定有会成为全球领袖的人。我看到有人在拍旁边朋友的肩膀，说你可能会成为未来的国家领袖。

　　你们生活在人类历史上非常特别的时代，历史正在经历着快速的发展，所以大家一定要吸收更多的知识和经验，而且要和这些有着重要经历的人进行沟通。同时，你们也不能依赖我们的经验，而是要创造自己的愿景，作自己的决策。

"一带一路"倡议成为全球
价值观和多边主义的典范

［黑山］菲利普·武亚诺维奇 Filip Vujanovic *

　　第二次世界大战是人类历史上最悲惨的战争，在这场战争结束后，联合国成为防止新的全球战争的最佳途径。没有人质疑联合国宏伟而不可抗拒的价值。这意味着所有联合国成员国都有义务致力于全球主义、多边主义，为国际社会的美好未来而努力。

　　全球主义面临着风险和挑战，这些风险和挑战在未来依然会存在，但国家或地区的利益并不能使人们对联合国的使命产生怀疑。正因如此，多边主义没有替代品。作为联合国成员国，我们有责任建立伙伴关系，寻找共同生存的解决方案，解决流行病、气候变化、核扩散、环境保护等全球性问题。几十年来的气候变化无疑是对人类健康和生活质量最严重的全球性威胁之一。因此，确保健康的环境和绿色发展是每个国家、地区和国际社会的基本责任。保护和改善环境证实

＊　作者为黑山前总统。本文为作者 2023 年 11 月 18 日在首届"通州·全球发展论坛"上的发言。

了多边主义的价值，并表明它是必要的和不可替代的。

多边主义的价值和重要性使我们有必要加强联合国的影响力和行动，并证明加快改革的雄心是正确的，这些改革将提高联合国大会决定的价值和义务。因此，联合国大会的决定更加重要，增强了联合国的作用。

所有联合国成员国都必须尊重和践行《联合国宪章》的宗旨和原则。这意味着我们有着共同的追求、行动和成就，共同倡导全球价值观和多边主义。

正是基于这些价值观，全球倡议才得以发挥重要作用。"一带一路"倡议就是第二次世界大战后最重要的全球倡议之一。中国国家主席习近平提出的"一带一路"倡议，吸引了来自亚洲、欧洲、非洲和南美洲四大洲的 152 个国家和 32 个国际组织的参与。"一带一路"倡议拉动近万亿美元投资，形成 3000 多个合作项目，创造了 40 多万个新的就业岗位。在短短 10 年间取得如此成就实属罕见。

"一带一路"倡议为国家和地区层面的项目融资提供了巨额预算，没有任何项目因为融资问题陷入困境。在所有全球倡议中，"一带一路"倡议提供了最佳的融资保障和最稳定的实施方式。在这 10 年间，"一带一路"倡议成功实施了许多基础设施改善项目，特别是在交通和能源领域。同时，它加强了文化、教育、艺术等各领域的互联互通，实现了合作共赢，促进了民心相通和人文交流。秉持着"共商共建共享"原则，"一带一路"倡议成为全球价值观和多边主义的最佳典范。"一带一路"倡议的这些原则正是我们论坛名称的基础。各国只有共同规划、共同受益，才能为全球发展和共同未来而努力。换言之，各国必须致力于多边主义。

第三届"一带一路"国际合作高峰论坛所有与会国和国际组织的领导人都表达了这一观点，指出了这一全球项目对各个国家和地区的价值，同时也强调了它对国际社会互联互通的重要性。

中国不必任由西方编故事

［英国］马丁·雅克 Martin Jacques[*]

2023 年 10 月，我们目睹了两个事件，向我们展示了不同的故事和完全相反的价值观，反映出不同文明、不同宗教、不同民族之间需要互学互鉴。

第一个事件就是巴以冲突。世界上没有哪个地区能够更明确地展示出不同宗教、文化之间对话的失败。这让我想起 1948 年的中东战争，以及这一地区难以休止的冲突。这样的状况之所以会维持下来，主要因为美国对以色列提供了军事、经济和外交方面的支持。换句话说，是美国人使以色列发展成为西方式国家。

除此之外，以色列也发挥了重大作用，使得美国期望的中东地区的秩序得以维持。美国多次借助其在联合国安理会的一票否决权，阻止了对以色列进军的决案，而以色列的行为越来越类似美国。

实际上，在这个过程当中，最受伤害的是普通民众，他们遭受了

---

* 作者为英国剑桥大学前政治与国际关系高级研究员。本文为作者 2023 年 11 月 18 日在首届"通州·全球发展论坛"上的发言。

歧视、排斥以及杀戮，这是一个非常残酷的事实。我认为，对于巴勒斯坦问题，如果不能提出与 1948 年不同的解决方案，可能永远无法解决当地的冲突问题。

第二个事件是在北京召开的第三届"一带一路"国际合作高峰论坛。该论坛吸引了 150 多个国家参会，很多来自不同种族、民族、宗教的代表出席了此次会议。"一带一路"倡议给了发展中国家在世界舞台上发声的机会。2023 年 8 月在约翰内斯堡举行的金砖国家领导人第十五次会晤上，更多发展中国家愿意加入金砖国家的群体当中。可以说，发展中国家即将成为全球的主要力量，或者全球的主要参与方。同时，发展中国家越来越多地在乌克兰问题上，以及在联合国大会上发出自己的声音。从发展中国家角度来看，他们和西方的价值观非常不同，这是因为发展中国家曾经遭受了殖民主义，遭遇了系统性的歧视，以及政治权利的侵害。发展中国家占全球人口的 80%，包含很多不同的种族，当前他们的第一要务是发展，这反映在有如此多的发展中国家参与到"一带一路"倡议当中，以及参与到全球发展倡议当中。

与此同时，对于发展中国家来说，最重要的是他们的声音需要得到倾听，他们的价值需要得到公平对待。历史上，他们作出了很多牺牲，这些牺牲需要得到承认。实际上，我们距离这样的愿景还有很长的路要走，发展中国家需要在国际机构，如国际货币基金组织和世界银行当中得到更多的话语权。

西方建立的国际社会，是以西方社会为中心的，没有充分考虑发展中国家的利益。这不只是一个经济或者政治的问题，而是一个文明的问题，这些发展中国家文明的权利更需要得到认可。

　　文明是一个概念，这个概念是西方提出的。然而，在文明的发展过程中，西方几乎对"文明"这个词很少使用，他们只有提到古希腊时才会用"文明"这个词。为什么会这样？这是一个很重要的问题。

　　对于西方来说，现代世界实际上是从《威斯特伐利亚和约》开始的。从那之后开启了欧洲的扩张步伐，也就是对全世界绝大部分地区的殖民时代。然而这种殖民在他们的历史上是被否认的。可以看到，殖民化是西方从零起步的基石，在殖民的过程中他们从未停止对其他国家的掠夺，很多当地的文化、原住民和他们的文明被彻底地抹去。

　　然而，对于全球发展来说，中国提出的全球发展倡议是重要的。希望它能够让西方的文明观念得到进一步的解读和理解，让人们认识到整个人类文明的多样性和丰富性。中国这样的国家是基于自己的文化根基，而不是美国的文化根基。认识到这一点非常重要，所以我特别强调不同文明之间是同等重要的。

　　另外，亚洲、非洲、拉丁美洲的文明同样丰富多彩，也包括北美、澳大利亚原住民的文化。对此我们需要做两件事：一是我们需要揭露西方国家所犯下的罪行，以及对于原住民所做的事情；二是我们需要揭露这些人所做的事情对未来产生的影响。我们需要一场全球治理方面的革命，要影响到整个世界、整个人类，而不仅仅是倾听所谓的西方故事。我们需要欣赏所有人类文明智慧的丰富性，因为这对于我们的未来至关重要。

　　最后，对于巴以双方来说，冲突仍然存在，对于伊斯兰文明来说，冲突也仍会存在。但是在这个过程中，我们仍然会取得很多的胜利。

中国身边有朋友，而不是盟友

［澳大利亚］戴若·顾比 Daryl Guppy[*]

　　当前全球发展倡议的核心是对实现和平与稳定的方式的信念不同。这是文化和哲学差异的冲突。当我们不理解这些分歧存在的基础时，那对这些分歧的解决是无济于事的，它们可能是不可调和的。如果是这样的话，那么我们必须考虑不同的解决方案。我认为这些差异是可以调和的，但要做到这一点，需要更清楚地理解为什么存在差异。

　　全球发展倡议要取得成功，中国必须能够说服美国和西方，它对霸权不感兴趣。霸权主义思想是西方对中国误解的核心。这种想法在格雷厄姆·艾利森（Graham Allison）提出的"修昔底德陷阱"（The Thucydides's Trap）概念中得到了推广。它忽视了中国外交的历史基础，这让我们想到中国外交在唐朝的情况。

　　唐朝外交方法的重要性在于，它来自欧洲和中国各种麻烦交织的时代。他们是如何应对并找到维护边境安全的解决方案的？这些应对

---

　　* 作者为澳大利亚中国工商业委员会董事会成员、丝绸之路国际商会澳大利亚代表。本文为作者 2023 年 11 月 18 日在首届"通州·全球发展论坛"上的发言。

措施涉及不同的解决方案，当我们考虑如何解决当今全球发展的挑战时，这些解决方案是可以参考的。

欧洲决定使用武力来保护其边界。正如卡尔·冯·克劳塞维茨（Carl von Clausewitz）所说，战争是另一种政治手段。因此，像俾斯麦这样的人谈论"血与铁"，提出了民族国家的概念。

唐朝对同一问题的态度是不同的，他们有更务实的观点。各国都会追求自己的利益，但唐朝时的中国会考虑那些他们可以与他人分享的利益，这意味着他们专注于共识而不是分歧。这是对同一问题的两种截然不同的反应。

中国古代军事家孙子谈到"不战而屈人之兵"的价值。然而，克劳塞维茨将战争视为政治。对于唐朝的中国来说，贸易被用来确保边界安全，而军事解决方案则作为对匈奴等侵略者的后备力量，他们无视贸易提供的政治解决方案。这一理念至今仍支撑着现代中国的贸易和稳定发展方针。

正因如此，西方通过霸权主义的视角来看待"一带一路"倡议，因为如果它提出"一带一路"倡议，它将侧重于基础设施方面。事实上，"一带一路"倡议有四大支柱，基础设施只是其中之一。慢慢地，西方认识到了其他三大支柱的重要性，这在一定程度上有助于解释当前科技和半导体芯片战争的基础。

以下是"一带一路"倡议的四大支柱。

第一个支柱是建设有形基础设施。包括公路、桥梁和铁路。

第二个支柱是贸易基础设施。包括监管环境、各国之间的监管协调以及贸易结算流程的改进。

第三个支柱是无形的基础政策。包括支付系统和协议，以及使用区块链进行交易和产品认证。这也与贸易基础设施监管环境相互作用。

第四个支柱是资本基础设施。包括扩大股权和债务市场准入。它包括通过使用国际化数字货币来打破对 SWIFT 贸易结算系统的依赖。这与提高跨境交易结算能力的贸易基础设施支柱直接相关。

这些数字经济的发展通过提高生产率使中国摆脱了"中等收入陷阱"。它们也是"全球南方"加快实现共同繁荣的机制。

那么，这种做法与西方担心的霸权掩护之间的区别在哪里呢？区别在于选择的权利。对于西方来说，贸易总是关于对殖民地人口的剥削、征服和文化破坏。他们认为这是自然和正常的发展过程。他们带来了文明，以及过去的宗教，作为贸易的先决条件。

中国没有作出这些假设或要求。"一带一路"倡议和全球发展倡议与意识形态无关。他们不寻求将政治制度或法律制度强加给参与者，这与西方的做法形成鲜明对比，西方的做法总是迫使各国采用西方社会规范的意识形态去完成合作。

这种诚意的试金石是国与国关系的基础。美国建立军事联盟，中国身边有朋友，而不是盟友。这是与西方战略思维的根本区别，因为西方认为他们的朋友也必须成为他们的盟友。

以上海合作组织为例。这个名字本身就预示着思维的差异。上合组织促进合作。与北约不同，它不是一个条约或军事联盟集团。中国通过合作而不是对抗来维护其边界完整。这个概念对西方人来说似乎很陌生，所以他们认为合作总是需要军事成分。

这是中国与西方在相处方式上最显著的差异。

我们不能说中国全球发展倡议的目标是完全由慈善事业驱动的，南方的发展也促进了中国的繁荣。全球发展倡议促进了全球繁荣，它使各国能够走上许多不同的道路，走向发展、成功和繁荣。这种做法的结果是，世界走向共同繁荣，而不是一个以剥削为基础的全球体系。对这一新兴全球秩序中不可避免的摩擦的管理并不依赖于剥削性霸权，它建立在对联合国等全球多边机构的尊重之上。

西方经常指责中国想要改变基于规则的全球秩序。全球发展倡议和"一带一路"倡议旨在通过改善基于互利而非剥削的贸易关系来推动这些变化。如果当前基于规则的秩序的改变意味着对旨在支持西方霸权的秩序的修改，那么这些变化在促进全球繁荣的名义下是受欢迎的。

全球发展的最大"绊脚石"，是美国的"寄生性资本主义"

[英国] 罗思义 John Ross[*]

中国的共建"一带一路"等全球倡议和金砖国家扩容，正在重塑全球地缘政治格局。迄今为止，已有 152 个国家加入了"一带一路"倡议，而最近召开的金砖国家峰会也成为国际瞩目的大事件——不管是从大量国家申请加入金砖国家的角度，还是从抱有敌意的西方媒体广泛报道的角度来看都是如此。

为谋经济发展，"全球南方"有许多国家均同时加入"一带一路"倡议和金砖国家合作机制，它们脱离或违背美国的政治和政策指令行事的意愿也日益增强。这体现在：各国愿意加入美国敌视的"一带一路"倡议；中国—阿拉伯国家峰会在美国自认的自留地——中东举行；占世界人口 80% 以上的国家拒绝追随美国制裁俄罗斯。因此，随着谋划经济发展的"一带一路"倡议和金砖国家扩容，一

---

　* 作者为英国伦敦经济与商业政策署原署长。本文于 2023 年 9 月 27 日发布在观察者网。

种大规模的"不结盟运动"正在兴起——并非像1961年成立的老版官方不结盟运动那样的正式组织，而是涉及广泛国家的共同政治立场。

随之而来的是一系列深刻的问题：

为什么152个经济战略、发展水平和政治制度极具多样化的国家会加入"一带一路"倡议？

为什么沙特、伊朗、埃塞俄比亚、埃及、阿联酋等发展战略和政治制度截然不同的国家希望加入金砖国家？而且还有数十个国家正在排队加入金砖国家。

在这些组织和倡议中，以中国为代表的社会主义国家与资本主义国家的相互关系是什么？

面对这种形势，正是基于这种差异，西方敌对媒体攻击或试图否定"一带一路"倡议、金砖国家和类似的合作机制，称这些机制因为过于"异质"而注定无法蓬勃发展。但是，正如下文所示，这些批评的声音对国际性的现实视而不见——这不奇怪，因为承认现实对于西方媒体来说，在意识形态上是不可接受的。

许多文章从社会主义、马克思主义的角度，以及中国的国家利益角度，围绕"一带一路"倡议和金砖国家合作机制的特定方面——共建及成员国间的双边关系、基础设施等进行了分析。但这些都不是孤立的个例，如果将它们置于国际宏观经济框架，就能更好地了解这些机制存在的意义。本文关注的正是后一个方面——有必要了解这些趋势背后的世界整体发展形势。

因此，本文将围绕以下几个要点具体展开：

1. 全球资本主义一侧的核心现状是，美国创造了一种"寄生性资本积累模式"。这种模式的特质使得美国已经注定失去了以往的历史地位——曾经，美国创造的大规模资本不仅可以为本国投资提供融资，从而拉动美国经济快速增长，而且还能出口资本来稳定其他国家和地区。现如今取而代之的是，美国越来越依赖从他国攫取的资本，转变为世界最大的经济寄生体——而那些被攫取的资本本可用于这些被寄生的国家的自身发展。

2. 换言之，美国及其试图强加的国际体系业已成为制约国际生产力发展的桎梏。这种经济形势引发了我们今天所见的世界政治动荡。

3. 与此对应的是，"一带一路"倡议、金砖国家和类似机制代表着另一个国际体系的兴起，而这个国际体系成为国际生产力发展的助推器。在这种体系中，社会主义国家在"一带一路"倡议和金砖国家合作机制中发挥着最稳定和最大的作用。中国是最大的社会主义国家，但更重要的是，不仅社会主义国家，资本主义国家同样也能在这个体系内发挥作用——和制约着生产力发展的美国体系相反，许多资本主义国家，特别是"全球南方"的资本主义国家，在这个国际体系中也代表着生产力发展。

4. 这两种体系的相互作用，解释了"一带一路"倡议、金砖国家以及新的不结盟政治趋势和运动兴起的原因。通过分析资本主义制度发展史，我们可以清楚地了解它们的重要性。

5. 如果我们用马克思主义最基本的框架来作出解释，就可以清楚地理解"一带一路"倡议、金砖国家以及与之相关的新的国际不结盟政治运动的兴起。

几个世纪的过渡中，资本主义一直在演变

马克思就发展中的生产力和现存生产关系之间的冲突进行了分析："社会的物质生产力发展到一定阶段，便同它们一直在其中活动的现存生产关系或财产关系发生矛盾。于是这些关系便由生产力的发展形式变成生产力的桎梏。那时社会革命的时代就到来了。"

从这一分析可以看出，在阶级社会中，生产力发展必然会产生阶级斗争——作为新的更先进生产方式的载体的阶级必须战胜代表着已经制约着生产力发展的旧的生产方式的阶级。

通常，马克思的这一分析在国家框架内，最引人注目的表现当然是革命——1949 年推翻旧世界建立新中国的中国革命或 1917 年的俄国革命。对于其他国家来说，革命所经历的过程从几天到几十年不等。但是，要了解美国自 20 世纪 80 年代初以来对世界资本主义体系的重组，及其对其他国家相互关系的影响，以及"一带一路"倡议和金砖国家扩容，就有必要认识到，从一种历史生产模式向另一种生产模式的全球过渡所耗的时间比这些国家革命所耗的时间要长得多。

在欧洲，从奴隶制过渡到封建制，花了数个世纪的时间。在同一个大陆，从封建主义到资本主义的过渡在意大利城邦以极小的规模开始，而后发展到著名的民族革命（荷兰、英国、法国等）。但在全球范围内，反封建革命，尤其是在发展中国家，在 20 世纪仍有发生。因此，我们可以说从封建主义到资本主义的全球过渡持续了数个世纪，可能长达五百年。这样的必然结果是，在这样一个漫长的历史时期内，拥抱新生产方式的国家与依然保持旧生产方式的国家之间会相

互影响。

人们认为，资本主义的生产力发展远快于奴隶制或封建主义，因此从资本主义到社会主义的过渡期和引发的危机将比从封建主义过渡到资本主义更短。这一论点值得注意——事实上，在俄国革命后的很短一段时间内，可能在1917—1923年，人们甚至错误地认为很快就可以完成这种过渡。然而，历史已经证明，衡量从资本主义向社会主义的全球过渡的适当时间跨度将是几个世纪。

确切地说，工人阶级于150多年前的1871年首次掌权，建立了巴黎公社，这个政权仅仅持续了数周；一个多世纪前的1917年，俄国建立了世界上第一个社会主义国家；中国的新民主主义革命完成于1949年，距今已经70多年了，之后还有进一步的社会主义革命，包括1959年的古巴革命和1975年的越南革命，但世界上大多数人口仍然生活在资本主义制度之下，任何认真分析形势的人都知道，这在短期内不会改变——虽然社会主义取得胜利发生在个别国家也是我们喜闻乐见的。

从资本主义向社会主义的过渡已经花了一个多世纪，而且需要更长的时间，因此社会主义国家和资本主义国家之间不仅会有一个互动的历史时期，而且资本主义的国际结构不可能在这样一个完整的历史时期一成不变。这不仅是美国创建最新的"寄生性资本积累模式"的关键因素，也是"一带一路"倡议、金砖国家和相关机制取得成功的关键因素。

正是经历了这样的历史演变，美国不再是原本的大规模资本的产生者——不仅能为本国投资提供融资，而且可以在有需要时出口资本援助其他国家。相反，美国变得依赖外国的资本流入——从客观角度来看，美国已经成为世界最大的经济寄生体，从而成为制约国际生产力发展特别是其他国家生产力发展的桎梏。美国的这一变化反过来又改变了世界经济和政治局势。它提供了"一带一路"倡议、金砖国家、新不结盟运动兴起以及发展的土壤。

第二次世界大战后美国对资本主义世界经济体系进行重组

让我们再次回到历史。众所周知，帝国主义国家将世界上绝大多数地区划分为相互竞争的正式或非正式殖民帝国——这些国家之间的斗争最终引爆了第一次世界大战。继第一次世界大战后，世界资本主义之间的分歧在大萧条期间再次加剧，因为帝国主义列强将其经济锁定在关税和其他壁垒之下。这再次加剧了帝国主义之间的冲突，最终引爆第二次世界大战——到 1945 年第二次世界大战结束时，资本主义列强之首美国取得了决定性胜利。

当时的美国对自己在资本主义国家中的生产霸权充满信心，随后开始对全球资本主义体系进行彻底重组。此后的 50 多年时间里，美国一直在全球范围内逐步取消关税和其他保护主义措施。由此形成了一个由美国主导的全新的"全球化"的世界资本主义体系，其国际结构与 1945 年前的资本主义体系截然不同。这种全新的全球化资本主义体系，特别是在 1945 年至 20 世纪 70 年代这段第二次世界大战后繁荣时期，生产力发展超越了前殖民帝国时代的资本主义。

第二次世界大战后资本主义内部的这种发展态势印证了马克思的

分析——劳动社会化程度日益提高是推动生产力发展的根本动力。在第一次世界大战和第二次世界大战危机之前的时期，许多领先的资本主义国家通过保护性关税壁垒和较低的国内投资率阻碍了国际生产社会化（固定投资是指通过在当前生产中利用前一生产周期的机械等产品，随着时间的推移实现生产社会化）。大多数主要帝国主义国家都有很高的保护性关税，而在主要大国中，只有美国的投资率高达GDP 的 20%——1913 年，即在第一次世界大战前夕，排名第二的资本主义大国英国的固定投资率仅为 GDP 的 7.3%。

因此，第二次世界大战的结果和美国推行的政策，极大地改变了世界资本主义体系中的这种情况，使生产更加社会化。在全球范围内，实物贸易中的保护性关税大幅降低，国际社会化、劳动分工程度大幅提高，大多数发达资本主义国家的投资率开始达到美国的历史最高水平（接近 GDP 的 20%）——劳动社会化程度随着时间的推移日益提高。

为客观地评估资本主义制度重组后生产力发展的上限和下限，有必要指出的是，美国在第二次世界大战后的经济扩张是基于其投资占 GDP 的 20%。一些资本主义国家——首先是战后时期的德国，然后是 20 世纪 70 年代末的日本——投资率占 GDP 的 30%或更多，远高于美国。因此，在这一时期，这些国家的经济增速远高于美国。美国对此的应对是逼迫这些国家降低投资水平，从而使其经济增速有所减缓。

因此，即便在 20 世纪 80 年代之前的这一阶段，美国也成为制约某些特定国家生产力发展的桎梏，为保持其国际主导地位，美国迫使其任何主要经济竞争对手的实际投资水平上限不得超过 20%——这一过程在拙文《它曾成功"谋杀"了德国、日本、四小龙，现在想要劝中国"经济自杀"》中有详细分析。最初这种手段只是针对某些特定国家，但正如下文所述，从 20 世纪 80 年代开始，美国频频用这种手段针对更多的国家。

从资本主义制度的角度来看，两次世界大战并非一无是处。诚然，战争是一种极其暴力的手段，造成约 1 亿人死亡，但通过这种手段，生产力冲破了由旧的、高度分裂的资本主义和殖民制度构成的障碍。从 1945 年至 20 世纪 70 年代初这段战后资本主义繁荣时期的生产增速，快于 1945 年前非全球化资本主义体系。与此同时，战争所引发的暴力和灾难在世界上少数但相当大的地区，特别是俄罗斯和中国，催化了第一次社会主义革命。正如现在在中国看到的那样，这些反过来又导致了生产力发展快于资本主义国家。

那么问题来了，世界资本主义体系现在正处在哪个阶段？反过来，它与社会主义国家有何联系？它与生产力发展的根本动力有什么关系？另外，"一带一路"倡议、金砖国家和类似的机制，包括新的不结盟运动的出现，与这些事态发展有何关系？

霸权的密码："胁迫"＋"认可"

要回答这些问题，就有必要清晰地认识到，资本主义的世界从来不是由一堆权重相当且无组织的资本主义国家拼接而成的，在过去两个半世纪内，它始终存在着一个明确的国际经济结构，连续两个时期,它都是由一个资本主义大国主导——从 18 世纪末到 1914 年是由英国主导,从 1914 年到现在则是由美国主导。

19 世纪 70 年代,美国经济规模超过了英国,但直到 20 世纪,美国人均 GDP 才与英国持平。然而,到 1913 年,美国经济规模是英国的 2 倍多,到 1945 年是英国的 5 倍。

国际金融结构也随着经济生产主导地位而改变,但有一定的延迟性。在英国 1931 年停止英镑与黄金的兑换之前,金本位制一直主导国际金融体系。1931 年至 1945 年,世界经历了短暂的空位期,与世界资本主义史上最严重的经济危机期吻合,大萧条最终引发了第二次世界大战。从 1945 年起,美元成为世界货币。

要理解英国和美国主导时期的本质,需要认识到,他们的霸权并不仅仅基于暴力,还在其巅峰期具有援助其他国家的经济实力。虽然英美总体上是帝国主义国家,但他们各自创造了一套体系,用意大利马克思主义者葛兰西的话来说,"胁迫"的同时还包括一定程度上的"认可"。

英美的经济发展进程如出一辙,在其经济主导地位达到巅峰时,他们创造资本的能力极其强大,以至于不仅能为其国内投资提供融资,还足以创造资本盈余,用于对外输出资本,并在需要时用于对外援助。

要对此有确切的认识,就有必要了解简单的经济学知识。一国的国际收支差额是其资本形成总额和国内资本投资之间的差额。如果一国的资本形成总额大于国内资本投资,那么它就是在输出资本,并出现国际收支顺差;反之,它就是在引进资本,并出现国际收支逆差。

了解了这一点之后，我们可以从图 1 看到英国主导世界时期的国际收支状况。

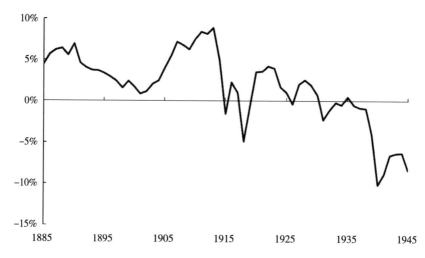

图 1　英国国际收支顺差占 GDP 比重比较

资料来源：根据《经济学人》和美国经济分析局数据计算。

1913 年，即第一次世界大战爆发的前一年，英国资本形成总额占 GDP 的比重为 18%，但国内投资占 GDP 的比重为 9%。因此，可以看出，英国 GDP 的 9% 被用于资本输出，流向了海外，也可以应英国之需，用于海外援助。阿尔伯斯·艾伯特所写的《泛英时代的经济因素》，对此做了经典性研究，分析了英国 19 世纪维护国际主导地位靠的不仅是英国舰队——19 世纪最强大的军事力量——还依赖于经济投资和对外援助。

但美国的崛起和英国在第一次世界大战中经济受损的叠加影响，意味着到 1931 年，英国无法再发挥这种稳定作用。正如图 1 所示，英国输出资本的能力发生了逆转，反而不得不从其他国家引进资本。

英国成为世界经济的寄生体，失去了其在世界金融和权力体系中的主导地位。

如图 2 所示，当美国取代英国时，也出现同样的模式。从 1913 年到 20 世纪 80 年代初，除了极少数例外，美国产生的资本总额超过国内投资。也就是说美国出现资本顺差，这使得美国可以投资于其他国家。因此，美国不仅可以通过暴力战争巩固其国际霸权，如朝鲜战争、越南战争以及多次政变，还可以通过援助——第二次世界大战后援助欧洲的马歇尔计划、古巴革命后在拉丁美洲成立进步同盟、越战期间扶持"亚洲四小龙"等来达到其目的。

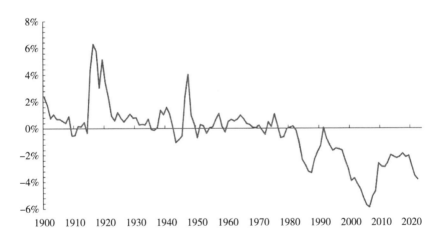

图 2　美国国际收支顺差占 GDP 比重比较

资料来源：根据《经济学人》和美国经济分析局数据计算。

世界经济"最大的寄生体"

但是，正如图 2 所示，从 20 世纪 80 年代开始，情况发生了逆转。到 20 世纪 70 年代末，美国已经证明无法迫使其工人阶级创造足够的资本来满足自身的投资需求，也无法创造足够的资本来输出，以维持前一种美国国际体系。从 20 世纪 80 年代开始，美国不能创造足够的资本为其国内投资提供融资，而是变得依赖其他国家的资本流入。

因此，美国和以前的英国一样，成为世界经济的寄生体。这就是为什么 20 世纪 80 年代后的美国被形象地描述为"寄生性资本积累模式"。由于美国依赖于其他国家的资本流入，它吸收的资本原本可能用于那些国家的发展。美国的寄生性特点意味着它已经成为其他国家发展的桎梏。

美国成为其他国家发展的桎梏令美国经济形势更加恶化，因为这种"寄生性资本积累模式"会导致增长严重放缓（见图 3）。现在，美国 GDP 年均增速仅为 2.0%。这是因为包括美国在内的每个主要国家都主要依赖本国资本，来自国外的资本不足以推动经济快速增长。

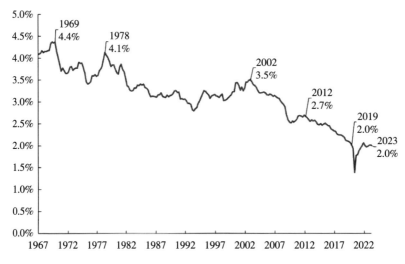

图 3　美国 GDP 年均增速比较（按照 20 年移动平均线计算）

资料来源：根据美国经济分析局《国民账户》表 1.1.3 数据计算。

因此，随着美国资本形成总额下降，美国经济增长放缓。

尽管如此，美国仍决心维持其国际霸权，采取额外的手段试图减缓其他国家经济增速。正如早前它对付德国和日本一样，这些手段包括试图降低各国投资水平——就像 1998 年亚洲金融危机期间对"亚洲四小龙"所做的那样——加征关税、技术制裁、封锁华为，等等。因此，美国已成为生产力发展的双重桎梏。

最后，这些过程最终导致美国也成为全球化（国际劳动分工）的直接和间接障碍：由于美国采取加征关税、经济制裁、技术禁令等措施，它成为一个直接障碍；而因为美国造成的世界经济放缓加剧了资本主义国家之间的竞争，导致它们有重新采取保护主义措施的趋势，这就构成了全球化的间接障碍。从地缘政治角度来看，这种经济形势意味着"胁迫"和"认可"之间的平衡发生了变化，而这必然会改变美国的外交政策。美国再无资源创造"认可"，而是越来越被迫依赖"胁迫"（武力），因此与越来越多的国家发生了冲突。

图 4 呈现的剔除固定资本消耗／折旧后的美国国内储蓄净额占国民总收入（GNI）比重，凸显了美国经济极具寄生性的特点。它还呈现了美国境外借款占 GNI 比重，反映可用于增加美国资本存量的资金——用于抵消贬值的美国资本的资金不会增加美国资本，而只是防止现有资本存量下降。

从趋势来看，1965 年，美国国内储蓄净额／资本形成净额占 GNI 比重为 12.7%，境外借款占 GNI 比重为 −0.8%。也就是说，美国向外借出了占 GNI 0.8% 的资本——美国在输出资本。因此，美国不仅创造了大量资源为本国资本存量提供融资，还创造了可投资于海外的

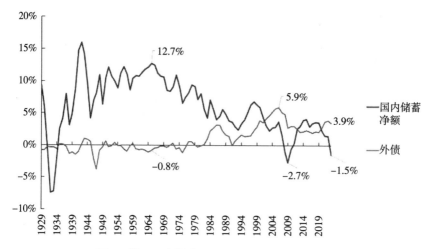

图4 美国国内储蓄净额和外债占GNI比重比较

资料来源：根据美国经济分析局发布的《国民账户》表1.5.5、表1、表17.5和表5.1数据计算。

资本盈余，即可用于稳定或援助其他国家的投资。

但自1965年起，美国国内储蓄净额/资本形成净额占GNI比重逐渐下降，到2009年这一比重降至-2.7%。也就是说，2009年，美国资本消耗的增长速度快于美国储蓄资本形成总额的增长速度——按净值计算，美国没有创造资本。造成这种情况的过程是，2009年美国固定资本折旧占GNI比重为16.4%，但美国储蓄资本形成总额占GNI比重为13.8%。因此，美国国内储蓄资本形成总额甚至不足以抵消贬值的资本。

从20世纪80年代起，美国国内资本形成净额急剧下降的同时，美国境外借款(使用从其他国家进口的资本)开始急剧增加。1980年，美国境外借款占GNI比重为-0.3%，即美国借给国外的资本占GNI比重为0.3%。相比之下，到2006年，美国境外借款占GNI比重为

5.9%。2002 年，美国境外借款首次高于国内资本形成净额，即美国资本存量增加首次更多地由其他国家资本而非美国自身资本提供融资。这种情况持续了近十年——直到 2011 年。从 2012 年到 2020 年的这段时间里，美国资本存量增长由美国国内提供的资本略多于其他国家，尽管资本进口仍处于非常高的水平。然后，从 2020 年到现在，美国资本存量的大部分资金来自其他国家，而非美国。

总之，美国越来越依赖其他国家资本，而非本国创造的资本。由于其经济规模，美国已成为世界最大的经济寄生体。

"里根主义"给世界带来了什么

这一过程使人们能够清楚地了解自里根执政以来美国经济转型的真正意义。这一转型的历史背景是，在越南战争中，美国不仅遭遇了军事失败，而且其经济也无法同时应对维持国内政治稳定和战争成本的压力。在由此产生的巨大经济压力下，从 20 世纪 60 年代末到 80 年代初，美国遭受了巨大的通胀浪潮、增长放缓以及随之而来的内政动荡。由此带来的政治影响是，从 1964 年到 1980 年，没有一位美国总统成功干满两个任期——约翰逊极其不受欢迎导致他不敢竞选连任，尼克松被迫辞职，福特和卡特在选举中失利。20 世纪 70 年代，尼克松、福特和卡特都试图加大对美国工人阶级的剥削，以重塑美国国际主导地位的旧模式——在这种模式中，美国经济具有国际竞争力，没有出现国际收支赤字，拥有资本盈余，可以输出资本，以制造"认可"和"胁迫"。但是，正如上文所述，美国所有的这些政治设想彻底落空了。

里根放弃了美国主导世界近 70 年的一整套手法——他的新政确实是美国资本走向的历史性转折点。里根准备让美国依赖国外资本流入，而不是试图在美国国内重建自给自足的大规模资本创造——更不用说有超过这一水平的资本盈余来援助、稳定其他国家了。正是里根使美国成为世界最大的经济寄生体。自那以后，所有继任的美国总统都延续了这一政策。

美国这一新政策必然会在国内外产生影响。如上文所述，资本输入与国际收支逆差完全相等。因此，当美国开始大规模进口资本时，必然会出现如图 2 所示的巨大国际收支赤字。这主要集中在有形贸易逆差上，涉及国际贸易最多的美国国内制造业遭受了巨大打击。美国制造业生产行业大规模倒闭，以及臭名昭著的"铁锈地带"随之开始出现。

在国际上，里根非但没有以第二次世界大战后援助欧洲的马歇尔计划、古巴革命后在拉丁美洲成立进步同盟、越战期间扶持"亚洲四小龙"等早期模式来援助盟友，反而准备摧毁它们的经济以维持美国的稳定。其中一个表现就是发展中国家接连爆发债务危机，其中标志性的是 20 世纪 80 年代拉丁美洲的"失去的十年"。就所涉及的经济资源而言，同样严重的后果表现在，1987 年华尔街崩盘前后，为向美国大规模出口资本创造条件，日本被迫采取超低利率政策，这创造了泡沫经济——20 世纪 90 年代初泡沫经济破裂的后果使日本经济陷入近 30 年的停滞。里根主义开创的新的"寄生性资本积累模式"非但无法帮助其他国家，反而将美国变成了国际生产力发展的桎梏。

这一经济进程的必然结果是，美国国际政策中"胁迫"和"认可"之间的平衡发生了变化。随着达成"认可"的资源减少，"胁迫"变得更加必要——随之而来的是越来越激进的美国国际政策。由此产生了一种局面，即美国通过从世界经济和其他国家吸收资本，同时破坏这些国家的稳定——在美国的强行干预下全球动荡加剧，美国的一系列直接或代理人战争不断升级。许多规模较小的"混合战争"和常规军事行动时有发生，如 1999 年轰炸塞尔维亚、2001 年入侵阿富汗、2003 年入侵伊拉克、2011 年轰炸利比亚和现在的俄乌冲突。北约东扩引发的俄乌冲突反过来又对德国造成了巨大的经济打击——俄罗斯断供德国廉价天然气，迫使后者购买昂贵的美国液化天然气。美国外交政策、军事体制中的一些圈子（尽管目前是少数）正在积极提议将这种政策扩大。

除了实际的战争，美国越来越多地诉诸技术抵制，不仅切断了本国公司，也切断了盟友与中国等关键市场的联系，迫使华为退出盟友电信系统的压力增加了他们的成本，美国通过控制美元实施单边制裁，非法扣押俄罗斯外汇储备令众多国家不安。因此，美国的经济形势强化了这种趋势，即它不得不越来越依赖"胁迫"而非"认可"。

"谋发展"让新体系"得道多助"

面对这种国际经济形势，一些国家直接受到美国制裁或军事行动的威胁，如伊朗、俄罗斯、朝鲜、古巴、委内瑞拉等国，一些国家正在遭受美国加征经济关税、抵制或未来军事行动的威胁，最典型的是中国，以及越来越多的一些国家，它们只是想继续发展经济，但受到美国的阻碍。这有助于解释为何 152 个经济和政治制度截然不同的国家加入了"一带一路"倡议，数十个国家希望加入金砖国家——越来越多的国家，特别是"全球南方"国家，想方设法脱离美国单方面的命令，获得独立自主的发展空间。

因此，这种国际形势也决定了许多国家与中国和美国的相互关系。它们不是从"亲华""反美"或这些政策的任何组合开始的，它们只是对为自己国家谋发展感兴趣——例如，巴西或埃塞俄比亚总统的工作不是"亲华"或"亲美"，而是为巴西或埃塞俄比亚谋发展。

一旦这些国家与美国和中国进行国际接触，就会感受到截然相反的两种境遇：美国会如上文分析的那样，从这些国家攫取本可以用于本国发展的资本补给美国，再加上加征关税、技术抵制、战争等一系列手段，最终成为这些国家生产力发展的桎梏。

但相比之下，在与中国的接触中，这些国家发现中国不仅在进行双赢贸易，而且是资本净出口国。如图 5 所示，自 1992 年以来的 30 年中，中国一直是资本净出口国。因此，各国发现，中国不是生产力发展的桎梏，而是生产力发展的潜在助推器。也就是说，中国可以为这些国家的生产力发展注入资源和动力——"一带一路"倡议中的基础设施投资就是关键但不是唯一的部分。

美国是生产力发展的枷锁，中国是生产力发展的助推器，各国并非要站"亲华"或"反美"的立场，而是在为本国谋发展。他们发现，要发展本国经济往往不得不与美国发生冲突，但与中国合作就可实现

图 5 　中国国际收支顺差占 GDP 比重比较

资料来源：根据世界银行发表的《世界发展指标》数据计算。

双赢。也就是说，为本国谋发展，美国会是障碍，中国则会是帮手。

用马克思主义的基本术语可以这样来概括当今世界的两个体系：

第一个体系聚焦于美国，正如上文详细分析所示，它已经成为生产力发展的桎梏。美国通过上文详细分析的各种方法，阻碍这一框架内的国家发展；第二个体系关注生产力发展，包括社会主义中国，但不仅限于社会主义国家——最大的群体是那些希望发展本国生产力的国家。

因此，正如上文所述，这从根本上清楚地表明了第二个体系的特点。它并非一个"反美"团体，而是一个"谋发展"的团体（用马克思主义的话说，是一个"促进生产力发展"的团体），这就是它稳定的原因。这也是为什么西方媒体无法正视国际现实的原因——因为它不能承认美国的制度已经成为生产力发展的桎梏。

当然，这些不同群体占世界不同地区经济的权重并不相同。在"全球北方"，美国的"盟友"们，大多数政府都接受了美国强加给其的生产力的桎梏——美国要求其向美国出口资本的巨大要求、加征关税、试图切断他们的公司与快速增长的中国市场的联系、制造破坏性战争等。在某些情况下，如德国、日本或英国，由此给他们的经济造成不小的损失。最终结果是，"全球北方"的所有主要国家经济增长都在放缓。但是，正如笔者所写的其他文章分析所示，"全球南方"国家的经济增速已经超过了"全球北方"国家，它们准备脱离美国的体系行事。因此，"一带一路"倡议和金砖国家得到发展。

结　语

最后，这些过程与习近平主席所提出的"命运共同体"理念有何关联？当然，"命运共同体"理念远不止纯粹的经济理念。它是基于这样一个现实，人与人之间处于一种相互依存的状态，因此存在着许多只有通过国际合作才能解决的问题——气候变化、流行病、恐怖主义和许多其他问题等。但"命运共同体"当然也包括经济发展以及与之相关的"双赢"合作和国际劳动分工。因为经济得不到发展，尤其是在发展中国家，人类面临的问题就无法解决。

但美国发展起来的"寄生性资本积累模式"阻碍了这种双赢的结果。尽管其他国家仍可通过贸易获得利润，但美国40年来一直在越来越依赖其他国家的资本流入，而这些资本原本可以用于那些国家的发展。

　　这些进程清楚地表明，"一带一路"倡议和金砖国家扩容，以及随之而来的新型不结盟运动的兴起，并不是偶然发生的孤立事件。在这些个别事件发展的背后是，美国的"寄生性资本积累模式"成为生产力发展的桎梏，而"一带一路"倡议和金砖国家则成为生产力发展的助推器。社会主义中国是这些国家中推动生产力发展强大而稳定的国家，但它不是唯一一个。这个集团还包括资本主义国家，特别是"全球南方"的资本主义国家。因此，"一带一路"倡议、金砖国家和新型不结盟运动的稳定发展，有一个明确而稳定的基础——这就是为什么这些机制不断扩容的原因。

　　除此之外，还有必要指出的是，"一带一路"倡议、金砖国家和新型不结盟运动，也应该以符合其现实的方式呈现。它们是积极的"谋发展"运动。世界需要合作而不是对抗，争取最大多数，这不仅从教育学和解释学的角度来说是正确的，而且从马克思主义角度来看也是正确的——它们是促进生产力发展的运动。

第四章

全世界在期待"中国方案"的践行

真相是：华盛顿正在发小孩脾气

美国这张"历史性"的大饼，能吃吗？

注意！美国的目标已悄然改变

"巴铁"拒绝挑拨

积极势头在持续

"俄罗斯依附中国"？甭理！

两年前的决定，澳大利亚后悔了吗？

印度想做"棋子"，还是"棋手"？

夹在"冲突带"里，中国自有办法

"我不喜欢听他们这样说中国"

中国不会上当

中美之间没有进入"新冷战"

任何冲突都必须有所让步

真相是：华盛顿正在发小孩脾气

[加拿大] 拉迪卡·德赛 Radhika Desai[*]

2023 年 4 月，巴西总统卢拉访华期间提出过一个重要问题："我每天晚上都会扪心自问，为什么所有国家间的贸易都要基于美元结算？"

这份质疑也被带到了南非，带到了金砖国家领导人的讨论桌上，增加本币结算规模成为今年 8 月金砖国家领导人会晤的重要议题之一。

俄罗斯外交部官员近日表示，俄方在与中国的贸易中已经"实际上完成去美元化"，美元在双方贸易中的使用份额已降至历史低点。

如果美元在国际货币体系中不再拥有霸主地位，新的国际货币体系会是什么样？"一带一路"建设在此间发挥了什么作用？美国官员不断地抹黑中国"一带一路"倡议、鼓吹"去风险化"，暴露美方何

* 作者为加拿大曼尼巴托大学政治学教授、地缘政治经济研究小组联合主任。本文 2023 年 9 月 12 日发表于中国人民大学重阳金融研究院联合"长安街知事"微信公众号推出的《全球治理大家谈》栏目。

115

种战略困境？中美是否已经陷入了"新冷战"？加拿大曼尼托巴大学政治学教授拉迪卡·德赛就"去美元化"、"一带一路"倡议的影响及中美关系进行分享。

如果美元失去主导地位

"长安街知事"微信公众号（以下简称"知事"）：您认为美元体系正面临哪些方面的危机？近年来，美国时不时将拥有全球储备货币的特权作为它对付其他国家的武器，这对美元的信誉有什么影响？

拉迪卡·德赛：其实，美元从未稳定地担任过世界货币，世界使用美元的唯一原因是别无选择。早在 1944 年的布雷顿森林会议上，美国就拒绝了凯恩斯关于多边组织货币的建议。从那时起，美国一直在努力确保出现的任何替代方案都被摧毁或无效。

如今，美元体系不仅内部出现了种种裂痕，各种替代方案也层出不穷，如各国央行之间的互换协议，以及以中国的"一带一路"倡议为代表的多渠道融资结构。这些替代方案能够出现且有继续发展之势，本身就证明了美国国力相对衰退的事实。

值得注意的是，受美国制裁而被没收储备的国家有很多，如阿富汗、委内瑞拉、伊朗和俄罗斯，但俄罗斯的意义不同。作为联合国安理会常任理事国和重要的世界大国，也难逃被美国金融制裁并没收海外资产，让世界更加意识到美元武器化问题的严峻性。

此外，美元体系的支撑之一是许多国家保持资本账户开放。这是个让人头疼的错误决定，意味着这些国家的富人总可以拿他们的钱投资于美元体系，进行金融博弈，毕竟美元体系完全是一个投机体系。

因此，中国对资本账户进行管理是应有的举措。如果越来越多的国家也开始管理本国资本账户，那么美元体系将进一步崩溃。

与此同时，中国以及其他金砖国家已经开始商讨创建新的国际货币体系，金砖国家完全可以有一个独立的支付和金融体系，专注于生产和贸易。在美元体系内，第三世界国家经常面临金融危机、货币贬值和资本外逃的风险，而新体系将帮助它们更好地规避此类风险。

知事：正如您所言，在美元体系之外，正在出现一系列替代方案。中国央行已经创造了一种数字货币，这将降低中国受到美国制裁的风险。沙特和巴西等国已经表示，将推进用人民币同中国进行贸易结算。您认为人民币国际化对国际社会有哪些意义？

拉迪卡·德赛：就像我之前说的，倾向于吹捧美元的人，主要的论点就是没有稳定的替代品，但不论是英镑还是美元，都是相当不平衡的货币体系。表面上来看，去美元化是在没有后继货币的情况下发生的，但事实上，去美元化可能发生在一个与现在完全不同类型的国际货币体系下，这构成了人民币国际化的更大背景。

人民币国际化的模式将与美元体系的国际化方式完全不同。美元体系本质上是投机性和掠夺性的金融体系，对生产性投资不感兴趣，这与中国的可持续发展理念是相反的。这也是为什么如果中国效仿美元的国际化路数，无疑将拖累中国的发展速度。

中国明白，发展是世界的首要任务。人民币继续国际化，不仅会支持中国的发展，也会惠及那些与中国签订广泛发展协议的国家，比如"一带一路"倡议共建国家或亚洲基础设施投资银行的参与国等。

而且，中国并没有唯人民币化，也在和多国签订货币互换协议，这将打造一个完全不同于美元霸权的国际金融体系，即世界上不会有单一的主导储备货币，人民币可能是储备货币中最重要的一种，但各国将根据自己的贸易、投资和金融需求，保留一种储备货币组合。

其实，只要中国在很长一段时间内仍然是世界最重要的国家之一，人民币就会是非常重要的货币。关键是，中国不会像美国那样寻求排他性的影响力。

西方国家的指责是"贼喊捉贼"

知事：您眼里的"一带一路"是一个什么样的倡议，总体印象如何？

拉迪卡·德赛："一带一路"倡议是一项巨大的规划和工程，通过陆上、海上两条线路，连接起这个世界。从全球经济的角度来看，它无疑推动了参与国家更好、更高的经济增长。

随着西方的相对衰落，尤其是美国在世界经济中的比重下降，金砖国家吸引了全球目光，而中国是金砖国家中经济体量最大的国家。

从国际治理的角度来看，"一带一路"倡议正在为新型国际治理机制奠定基础。

西方总认为布雷顿森林体系是一个伟大的体系，却忘记了美国对布雷顿森林体系的设计和干预，实际上确保了它本质上是一套有利于美国和帝国主义国家的国际治理安排。而如今的国际社会需要一个后帝国主义的治理体系，新体系的基础将会是互利合作。

目前，"一带一路"项目在国际上面临许多挑战，这些挑战的根源是世界秩序的不稳定。究其原因，不是因为中国或其他国家的崛起，恰恰是因为西方不择手段地抵制这种崛起。

不要指望西方会很快改变，但随着中国的影响力越来越大，世界其他国家与中国的合作越来越密切，西方国家的外部压力将会增加。届时，这些国家的人民将开始意识到，他们的国家内部管理方式和对外关系确实存在问题，这两件事都需要进行彻底的改革。

知事：近来美西方常常诬蔑中国在"一带一路"沿线制造"债务陷阱"。您如何看待发展中国家债务问题？导致这个问题愈发严重的究竟是谁？

拉迪卡·德赛：这绝对不是中国的问题。首先，西方国家和第三世界国家的金融关系充满复杂性。一方面，坐拥大量现金的西方国家很想以高利率借钱给第三世界国家，但另一方面，它们放出去的贷远远超过对方的可持续偿还能力。西方国家贷款的条件和目的都不是生产性的，低效率的投放意味着债务收回难度增加，这也是部分国家在西方体系下债务危机频发的原因。

事实上，如果有谁一直在为第三世界国家设置债务陷阱，那就是西方国家。现在，指责中国成了西方逃避责任的说辞，本质上是把自己制造的债务问题归咎于中国，可谓"贼喊捉贼"。

从数量和质量上看，中国债务在第三世界国家债务总额中所占的比例仍然相对较小。而且中国普遍将贷款用于生产目的，用于投资基础设施建设。如果出现偿还问题，中国愿意进行债务重组，这与西方的做法形成了鲜明对比。

自 20 世纪 80 年代以来，西方对于陷入债务危机中的国家强制实施了苛刻的结构调整计划，强加的紧缩措施致使这些国家的人们越是努力工作越是贫穷，经济发展陷入萎缩，失去了大量的发展机遇。这才是真正的债务陷阱。

美国正在一次又一次发脾气

知事：我们注意到，美国近年来推行一系列反华政策，欲针对中国挑起"新冷战"。在这种冷战思维与零和博弈思维下，美国把"一带一路"倡议视作中国以经济利益为诱饵进行意识形态扩张与地缘政治争夺。您如何看待美国这种"新冷战"政策？这一政策对全球政治和经济格局将造成哪些影响？

拉迪卡·德赛：20 世纪八九十年代，美国希望与中国建立更密切的关系，从而让中国成为生产廉价商品和输出廉价劳动力的次要生产国，这是西方的愿景。

但西方在 2000 年左右开始意识到，这个愿景无法实现了，特别是在 2008 年国际金融危机之后，发现中国不会放弃对社会主义的承诺，不会放弃发展经济的承诺，更不会放弃对生产进行技术升级的承诺后，它们开始采取越来越敌对的行为，出现了"新冷战"的迹象。

然而，美国及其盟友现在面临的问题是，这种做法并不成功。包括欧洲国家在内的很多国家都对美国的行为表达不满，因为美国的制裁总是具有治外法权的性质，影响了欧洲的对华贸易。

这种对华策略目前主要体现在制裁和遏制，这其实是美国自讨苦吃。虽然也会给中国添麻烦，但中国有能力应对，反倒是美国及其盟友的处境更加艰难。

俄乌冲突就是一个典型案例。欧洲的资本家付出了代价，普通民众也不得不为此买单。尽管西方在鼓吹团结，但在这种所谓的团结中，其实蕴含着重大的不稳定。

美西方总是表现得它们盼望着世界发展进步，但一旦世界上有一个地方开始像中国一样快速发展，它们就会歇斯底里地作出反应，这就是其虚伪所在。

知事：近期，美国政府频繁使用"去风险化"的论调让欧洲拒绝向中国提供关键技术。您如何看待"去风险化"这个词，它是不是美国"新冷战"政策的一种体现？您觉得中美应该如何避免"新冷战"？

拉迪卡·德赛：这绝对是"新冷战"的反映。"去风险化"这个词透露出许多信号。首先，"新冷战"的进行对美国来说是困难的。在过去的二三十年里，美国经济变得非常依赖中国，在美国精英阶层中，对于是否要与中国展开"新冷战"存在着战略模糊。而且，西方联盟内部对此也并未达成一致，欧洲和日本都希望继续与中国进行商业往来。

很明显，美国有些人曾经讨论过"脱钩"，然后发现与中国"脱钩"对美国来说将是一场灾难。因此，他们现在使用"去风险化"一词。

坦率地说，我不确定欧洲是否喜欢这个词，也不知道它们是否真的明白这是什么意思，它们其实是在黑暗中摸索，处于进退两难的境地。

目前，中国所做的一切都是为了避免两国陷入"新冷战"的旋涡。比如，中国高规格接待了来访的美国国务卿布林肯，也欢迎美国其他高官来访。中国知道自己在做什么，也做得很好。重要的是要向世界证明，中国已经尽力修复两国关系，中美两国拥有广泛的共同利益，没有理由拒绝合作共赢。

所以现在的问题是，美国到底想不想要中美互惠互利的关系？显然，美国想要的是单方面获利的关系，就像一个孩子想要同时吃饭和睡觉，这是不可能的事。这就导致了目前我们所看到的：美国正在一次又一次地发脾气。

美国这张"历史性"的大饼，能吃吗？

［瑞典］侯赛因·阿斯卡里 Hussein Askary[*]

前不久的二十国集团（G20）峰会间隙，由美国牵头的"印度—中东—欧洲经济走廊"（IMEC）计划公布。该计划旨在建设一条从印度经阿拉伯半岛、以色列再到地中海通往欧洲的商业路线。沿途横跨阿拉伯海，穿越沙漠，经过地缘政治复杂的区域，货物历经装船、卸货、再装火车、再卸货、再装船多次倒腾，最终到达欧洲。

目前，美国、印度、沙特、阿联酋、法国和德国等已就此签署谅解备忘录。不过，备忘录并未列出项目的资金来源，只表示一个工作组将在未来 60 天内讨论出具体细节与时间表。

毫不意外，这项计划又被西方媒体吹捧为"历史性"的。2021年以来，美欧已推出多个"历史性"的计划，诸如"全球门户"（Global Gateway）、"重建更美好世界"（B3W）、"全球基础设施和投资伙伴关系"（PGII）等，为何都没有后续了？每次都难以推进，还年年推出

---

* 作者为瑞典"一带一路"研究院副院长。本文 2023 年 9 月 21 日发表于中国人民大学重阳金融研究院联合"长安街知事"微信公众号推出的《全球治理大家谈》栏目。

新计划，到底图什么？ IMEC 有希望和"一带一路"比肩吗？瑞典"一带一路"研究院副院长侯赛因·阿斯卡里（Hussein Askary）就"一带一路"倡议和 IMEC 计划进行分享。

一步荒谬的地缘政治坏棋

知事：美国总统拜登在 G20 峰会上宣布了一个新项目——"印度—中东—欧洲经济走廊"（IMEC），计划建设一条大型铁路和航运走廊，由连接印度与阿拉伯湾的东部走廊，以及连接阿拉伯湾与欧洲的北部走廊组成。您如何看待这项计划，拜登政府为什么要推动建立 IMEC ？

侯赛因·阿斯卡：这其实是一场地缘政治游戏，用来加强与印度合作，并吸引已经与中国建立了牢固伙伴关系的国家，如沙特阿拉伯、阿联酋、以色列等。

但这个计划与现实完全脱节，政客们沉浸在自己的意识形态中，对经济学的理解有限，对地理也缺乏了解，显得非常荒谬。

这条线路途经的西亚、欧洲部分，许多港口和铁路要么由中国公司经营，要么由中方持有大量股份。

比如以色列，其最现代化的港口海法新港和阿什杜德港，是由中国公司建造和管理的。在沙特和阿联酋的铁路建设中，中国中车等公司发挥了关键作用。沙特的吉赞港和阿联酋首都阿布扎比的哈利法港，也与中企合资经营。

沙特和阿联酋都明确表示，打算保持和加强与中国的伙伴关系。

在去年 12 月召开的首届中国—海湾阿拉伯国家合作委员会峰会上，中阿合作项目范围之广，在国际关系中是前所未有的。

在 IMEC 项目中，拜登计划要把铁路从大西洋连到印度洋，连接起安哥拉、赞比亚和坦桑尼亚。但其实从安哥拉到坦桑尼亚已经有这样一条铁路了，是中资企业建造的本格拉铁路，拜登总统被为他写演讲稿的顾问误导了。

美方实际上指的是另一个项目，涉及刚果（金）—赞比亚—安哥拉一线，用来开采原材料，这才是他们真正的计划。这种能从非洲攫取财富的项目在欧美非常受欢迎。这是它们和中国的显著区别。

美国所提出的 IMEC 计划不仅与现实脱节，美国和欧洲实际上也无法为该计划作出贡献。美欧自身就在融资和国内基建方面面临重大挑战，怎么能指望它们在世界其他地方资助和建设基础设施呢?

西方基建计划两大无法根除的痼疾

知事：美国媒体在报道 IMEC 时，总会提到中国的"一带一路"倡议，您认为美国提出 IMEC 是在针对"一带一路"吗?

侯赛因·阿斯卡：即使它们在该计划的声明中没有明确提到，但显然是针对"一带一路"的。它们想要与中国竞争，甚至取代"一带一路"，但这都是白费功夫，因为这些所谓的替代方案根本没有实质内容。

我们建议美欧都能加入中国的"一带一路"倡议，大家共同努力，必然会在更高效的运转中获得更大的利益。但这里面有一个意识形态的问题，即美西方并不真正相信中国的双赢理念，它们只相信零和游戏。

这种狭隘观念自有其历史渊源，可以追溯至殖民时代。特别是在托马斯·霍布斯的哲学中，认为人类、国家和社会能够和谐相处的想法是幼稚的。这种哲学认为一切都是以利己主义为基础的，每个人都会以牺牲他人为代价来争取自己的利益。这是美欧政治精英们根深蒂固的想法，也是他们理解"一带一路"倡议的一大障碍。

在西方的基建倡议声明中，他们声称私营部门将会在这些项目中发挥关键作用，这是一个注定失败的想法。中国有句老话，"要想富，先修路"，意思并不是靠收过路费致富，而是道路会促进一个地区的经济活动。私营部门对基础设施建设根本不感兴趣，企业不能快速从中赚钱，基建项目必须以国家为依靠。

即使在欧洲，私营部门也无法支持大型基础设施项目。欧洲主要的基础设施都是美国在第二次世界大战后通过对欧援助建造的。这些基础设施项目是以国家财政为基础，这是可行之道，也是中国正在做的。

西方的基建计划的第二个问题是过分强调形式，如所谓的透明度和财政可持续性。

西方认为，由于财政限制，贫困国家不可能承担重大的基础设施项目。换句话说，如果你的国家陷入严重的财政困境，就不应该建设基础设施。如赞比亚这样的国家，应该取消与中国签订的水电、电信、公路和铁路等基础设施建设合同，因为通过向中国借钱来开展这些基建项目在财政上是不可持续的。

但问题是，没有基础设施，这些国家怎么摆脱贫困？如果照着西方的提议，所有贫困国家都将陷入永久贫困。

那怎么办？直接放弃非洲？还是说，尽管存在安全风险、财政资源有限，依然要继续前进、发展经济呢？

这就是"一带一路"倡议不同于其他倡议的地方。"一带一路"倡议将贫困作为人民面临的首要敌人，这是问题的关键。解决了资金缺乏、基础设施不足和技能短缺问题，就打开了非洲通往工业化和繁荣的道路。

而美欧则认为，通过改革社会政治体系，事情就会神奇地改善。在这一点上，我们已经目睹了依靠政权更迭和社会政治改革的方法是如何在伊拉克、利比亚、叙利亚和阿富汗"发挥作用"的。

因此，发展的起点必须是经济。中国的倡议体现了经济发展与安全之间的共生关系。没有经济发展，就没有安全，反之亦然，这两个方面是不能分开的。

不是所有发光的东西都是金子

知事：近年来，美欧政府已经提出了许多雄心勃勃的"大战略"，比如欧盟计划筹资 3000 亿欧元的"全球门户"计划，还有拜登上台后不久提出的"重建更美好世界"倡议（B3W），以及拜登去年在七国集团（G7）领导人峰会上提出的"全球基础设施和投资伙伴关系"（GPII）倡议，这些倡议都声称关注发展中国家的基础设施建设，它们进展到哪一步了？

侯赛因·阿斯卡：这些倡议因为缺乏实质性的内容，没有取得任何进展。不是所有发光的东西都是金子，也不是所有看起来熠熠生辉的基础设施建设倡议都有务实的内核。

美国国会未能与拜登就国内基础设施的融资和建设达成协议，在国内都遭遇了失败，因此"B3W"计划不得不改名为"全球基础设施和投资伙伴关系"。

"一带一路"倡议的与众不同之处在于包容性和实践性，它欢迎世界上每一个国家的参与，不结成排他性的联盟，也不以地缘政治或零和博弈为基础。

对于发展受制于地理位置的内陆国家，如没有出海口的埃塞俄比亚和老挝，"一带一路"通过亚吉铁路，连接起埃塞俄比亚和沿海国家吉布提，又通过中老铁路，把老挝的地理劣势转变成发展优势，变成连接各国的陆上交通枢纽。

对于长期受能源危机困扰的国家，如巴基斯坦，曾因每年被迫向海外银行借款至少 120 亿美元购买能源而陷入债务陷阱。如今"一带一路"通过中巴经济走廊项目，优先建设电厂，巴基斯坦已经有能力自己发电了。

可以说，"一带一路"不仅仅是促进贸易的计划，它本质上是一项经济发展倡议，旨在为面临发展障碍的地区解决互联互通、能源、水资源或技术问题，贸易其实是互联互通加强的结果。

现在的问题是，单靠中国，很难解决亚非等广大地区的所有挑战。非洲的陆地面积是中国的三倍，拥有 14 亿人口。到 2050 年，以年轻人为主的非洲人口将增长近一倍。我们需要更多像"一带一路"

这样的项目，而不是美欧那些肤浅的政治倡议。

现在，一些非洲国家已经意识到，与其简单地出口原料，不如产业升级，将这些原材料加工成电池等成品。津巴布韦最近禁止出口锂原料，并表示那些对锂感兴趣的人应该来建电池工厂，就像中国所做的那样。

知事：既然我们都能意识到美国和欧洲面临着难以为基建项目提供财政金融支持的问题，它们自己应该早就发现了，为什么还要年年提出新的大型基建倡议，又总是"雷声大，雨点小"？明里暗里想要对标甚至取代"一带一路"呢？

侯赛因·阿斯卡：这些项目本质上是政治宣传，旨在拖延和阻碍各国与中国合作。西方向这些国家提供了虚假的保证。

西方打着"援助非洲项目"的幌子达成自己的目的已经延续了六七十年，通过让指定的精英继续掌权，从而掠夺这些国家的自然和人力资源。这些"投资"不仅具有欺骗性，也是一种拖延战术，以阻碍这些国家与中国的合作。

其实，非洲各国也都有适合自己的发展战略，但它们被告知，只要放弃这些做法就可以得到一些财政补贴。比如，最近在肯尼亚举行的一次气候会议上，非洲国家被告知，如果不购买"碳排放证书"，就不能继续燃烧自己的化石燃料。这是一个糟糕的计划，将使非洲国家陷入永远的贫困。

非洲国家应该利用好自己的煤炭、石油、天然气、铀和他们土地上的一切来跨入高速工业化，而不是把发展权拱手让给西方。使用化石燃料是一个必然要经过的工业发展阶段，欧洲的工业革命也以煤炭为核心，德国等国至今仍在使用煤炭，这不是"犯罪"。

除了使用化石燃料，非洲国家也有巨大的水电开发潜力，如刚果河的开发产生的电力可以使数十个非洲国家受益。然而，美西方对在刚果融资和建造工厂兴趣不大，世界银行甚至撤回了对该水电站项目的支持，只有中国愿意承担这个建设项目。

已经有越来越多的非洲国家表达了摒弃这一新殖民主义体系的愿望，尼日尔、马里和布基纳法索发生的动荡就是这种拒绝的表现。世界正在经历迅速的变化，但西方政客们还没有意识到。

注意！美国的目标已悄然改变

[美国] 贾杰民 Benjamin Norton[*]

　　近期，中美关系出现缓和的迹象。美国国会参议院多数党领袖舒默率团访华，受到中方的高规格礼遇。此前，中美两国还成立了经济、金融工作组，旨在加强经济领域沟通。

　　但另一方面，美国官员近几周对中国发出警告，称预计本月就会更新限制向中国出口半导体和先进人工智能芯片的规定。知情人士透露，美国政府将在去年 10 月出台规定的基础上，新增限制条文并填补漏洞。

　　为什么事实证明了制裁效果有限，美国政府依然坚持这条路？如何看待美国目前对华策略？美方的哪些话能信，哪些不能信？美国《地缘政治经济报告》创始人、外交政策专家贾杰民（Benjamin Norton）就中美关系、"一带一路"倡议等与记者进行分享。

---

　*　作者为美国《地缘政治经济报告》创始人、外交政策专家。本文 2023 年 10 月 13 日发表于中国人民大学重阳金融研究院联合"长安街知事"微信公众号推出的《全球治理大家谈》栏目。

美国的目标已悄然改变

知事：美国在半导体领域限制中国不是什么新鲜事了，但即便如此，在美国的芯片封锁下，中国企业华为今年仍然推出了新手机，搭载的是中国自研芯片。这是否可以证明美国对华"科技战"失败了？

贾杰民：首先我们需要看清，美国在这场"科技战"中的目标到底是什么。美国商务部部长雷蒙多曾明确表示，华盛顿的目标是阻止中国创新。从这个意义上说，这是一个彻底的失败。

美国实际上承认了无法完全阻止中国的技术进步，所以现在的目标是保持领先地位，让中国始终位于身后。

这就是美国的虚伪之处。虽然美国经常强调竞争的意义，但美国公司对来自中国同行的竞争却持抵制态度。这些美企中有不少都得到了美国政府的补贴，与华盛顿保持着密切的联系。美国这些禁令的根本目的是阻止中国公司同美国公司竞争，本质上是操纵游戏规则，阻止公平竞争。

然而中国的发展却有增无减。美国越是依赖制裁，制裁作为武器的威力就越弱。美国沉迷于制裁，不惜违反国际法，这种做法无意中助长了被制裁国家的独立意识。随着时间的推移，制裁不仅会失去效力，还会变得无关紧要。

而且，对中国、俄罗斯和伊朗等国的制裁，还让这些国家越走越近。它们也专注于培育自己的技术优势，以求摆脱对外国实体的依赖，展示了将逆境转化为自强机会的能力。

知事：为什么事实证明了制裁效果有限，而且还可能会刺激中国自力更生，但拜登政府依然坚持这条路呢？

贾杰民：在美国，政治和经济之间存在着密切的联系，大型企业的政治献金发挥了关键作用。

研究显示，超过90%的参众议员候选人通过砸钱赢得选举。要想在美国成为政治家，你必须得到大企业的支持，尤其是硅谷和大银行的支持。这些私营实体只以营利为目标，希望保持其在全球的垄断地位。美国政府正在向这些企业的利益"看齐"，努力扼杀华为等中国公司的竞争潜力。从长期来看，这种做法可能会适得其反。

美国的问题在于，所有的决策基本上都是短期的，主要受到这些大型企业的季度股息驱动，而不是5年、10年甚至20年的长期战略。正是这种短视，导致了美国经济的去工业化，向金融投机转变。

华盛顿的许多政策都使其经济变得更加脆弱和不稳定，少数寡头却变得更加富有，这一群体在政治体系中的影响力又进一步限制了重大变革。

许多国家都说：你永远不能相信美国

知事：近期中美关系似乎在好转，有观点认为，这是美国向中国妥协的标志，说明美国先扛不住了，所以不得不放下身段，与中国握手言和。但也有观点认为，在这些友好姿态的同时，美国对华的制裁、围堵、脱钩并没有停止，仍然步步压迫。所以这可能是美国的烟幕弹，是在迷惑中方，让中方误以为美国改变了对华态度。您如何看待美国目前对华策略？美方的哪些话能信，哪些不能信？

贾杰民：世界上许多国家都说，你永远不能相信美国。

伊朗经历了惨痛的教训。美国是《联合全面行动计划》（即"伊核协议"）的签署国之一，这项协议得到了联合国安理会的支持，被写入了国际法。结果呢？特朗普当选总统，单方面宣布退出了协议，违反了美国对伊朗的承诺，也违反了国际法。

你也可以问问美国的原住民，美国曾签署了许多条约，保证会尊重他们的权利，然后发生了什么？

长期以来，美国一直如此：先宣称会做些什么，然后很快违反承诺，因为原来的承诺不再符合其经济利益。

美国现在面临的问题在于，它与中国的经济深度融合，以及曾经有意地去工业化，导致如今"脱钩"是不可能的，就连"去风险化"的概念也很荒谬。

美国的经济严重依赖金融服务业，这导致实体生产大幅减少。根据联合国的数据，美国制造业占全球制造业总产值的比重约为 14%，而中国占比高达 30%，遥遥领先。

华尔街、私人银行、投资基金和"秃鹫基金"占据美国经济的主导地位，这些公司管理着数万亿美元的资产，它们的增长速度呈指数级，远快于实际 GDP 增长。为少数富人管理财富的实体拥有比整体经济增长更快的资产增长，意味着这个国家正变得越来越不平等。

在这种形势下，美国如何发展新的产业供应链，实现再工业化？它根本做不到。更不幸的是，美国在政治上也失灵了。

奥巴马与伊朗达成一项协议，特朗普上任就会单方面废除。如果拜登政府签署了一份文件，特朗普再次当选怎么办？美国有新政府上台就抛弃上任政府政策的传统。你不能完全信赖美国，这是一个经济和政治功能失调的国家。

幸好中国、俄罗斯和许多其他国家已经认识到，未来取决于跨地区的经济一体化，比如亚洲或"全球南方"的合作。

中国正在展示资金利用的新方式

知事：上月，往返于美国佛罗里达州迈阿密和奥兰多市的高铁线路正式开通，运营速度仅为每小时 200 千米。这趟高铁线总长度为 378 千米，单程时长为 3 小时，耗时比驾车仅少 30 分钟。据报道，第一天正式运行时，还意外撞死了一位横穿铁路的行人。今年，美国已经发生了不少于三起运送危险化学品的列车脱轨事件。拜登说，美国曾拥有世界第一的基础设施。那么如今美国的基础设施建设为什么落后了？

贾杰民：美国的基础设施正在经历字面意义上的"崩溃"：桥梁在坍塌，火车在出轨。这是美国经济结构的金融化和几十年来实施新自由主义政策的恶果。这些政策将资金从基础设施和生产投资中抽离，流向了金融投机，催生了巨大的投机性资产泡沫。这实际上无法改善人民的生活，只能使一小拨富人受益。

铁路行业盈利并不丰厚，却是其他行业所需的基础设施。但在美国，不仅银行是私有的，所有的基础设施也都私有化了，铁路、公路、供水系统、电网和电信网络已经或正在加速私有化。大企业（特别是车企）频繁游说政客，阻止在铁路方面进行大量投资。美国的"高铁"速度很慢，无法与中国或其他东亚国家相比。

等到美国想要修建大型基础设施时，问题又来了：资金从哪儿来？谁将从中受益？这就是美国的困境。为了修铁路，不仅要与强大的汽车游说集团抗衡，还要确保获利丰厚。如果一个项目在美国不营利，它通常就不会开花结果。

知事：既然美国国内基础设施建设已经捉襟见肘，为什么还在过去三年中，每年都提出一个声称要资助发展中国家搞基础设施建设的倡议？美国媒体还特别喜欢把这些倡议和中国的"一带一路"倡议对比，您对此有何看法？

贾杰民：美国喜欢造新词，说"我们有新项目"，承诺"我们将开发所有这些项目"，但实际上开发的项目非常少，要么没做成，要么建设时间比声称的晚了很多年，还贵得多。美国只是因为目睹了中国在基础设施建设方面取得了巨大成功，才声称自己也要努力发展基础设施项目。

这就是为什么这么多国家，尤其是"全球南方"国家，在发展基础设施方面寻求与中国合作，因为中国会说到做到，而美国在"画饼"方面无出其右。

中国的"一带一路"倡议绝对是不可思议的壮举，在许多方面深刻地改变着世界。

首先，多年来，"全球南方"国家迫切需要基础设施投资。美欧不断宣称自己是他们的朋友，会帮助他们，然而情况却往往相反。

在英国对印度的殖民统治之前，印度的制造业比 1947 年独立后的更庞大。在殖民期间，英国企业为了把印度变成英国商品的倾销地，摧毁了印度先进的纺织工业。殖民体系崩溃后，美西方国家采取了新殖民主义政策，声称他们将帮助这些新兴发展中国家发展。

西非的许多国家一直在法国的控制下，包括他们的货币，被称为非洲法郎（CFA franc）。那么，这些国家的经济发展了吗？他们的基础设施建设起来了吗？

当然没有。这就是为什么许多非洲领导人常开玩笑说，每次西方官员访问非洲，他们就会受一通教训，而每次中国来访，他们将有机会建起一座桥、一个医院、一个港口。

中国用"一带一路"倡议向"全球南方"国家表明，中国会帮助他们发展基础设施，从这个意义上说，"一带一路"倡议是革命性的。

此外，"一带一路"倡议的另一个重要意义，就是通过它的实施，中国正在展示如何利用资金促进生产和帮助全球发展经济，而不是专注于金融投机。这一点虽然讨论得不多，但我认为至关重要。

西方那些奉行新自由主义的国家，都在处理生产出来的盈余（尽管美国长期存在经常账户赤字）。比如挪威，该国拥有庞大的主权财富基金。这些资金投到哪里去了？投资于西方企业的股票，这将增强这些企业的实力；投资于美国国债等债券，这将为美国庞大的经常账户赤字提供资金；投资于房地产，这将进一步扩大房地产市场的投机泡沫。

而中国在上述选择之外，还将资金投入有形的基础设施，投入提高人们生活水平的实体。因此，我们看到了中国人民银行正在逐渐去美元化，减少持有的美国国债。

　　中国还将利用这些过剩的资金和盈余来促进全球经济发展，通过帮助其他"全球南方"国家，中国不仅促成了更多互利合作，还找到了一条富有成效的盈余投资途径，并创造了新市场。

"巴铁"拒绝挑拨

［巴基斯坦］沙克尔·艾哈迈德·拉马伊

Shakeel Ahmad Ramay[*]

　　针对中国提出的"一带一路"倡议，2023 年 9 月 9 日，美国总统拜登在印度新德里参加 G20 峰会时宣布，美国与印度、中东国家和欧盟签署协议，建设可以连接相关国家的铁路网络和海上航线。

　　拜登视之为"改变游戏规则的区域投资"，美国全国公共广播电视台（NPR）指出，这是拜登寻求对抗中国"一带一路"倡议的方法之一。

　　而"方法之二"就是金融体制改革。早在今年 8 月，美国政府就放风拜登将在 G20 上推进全球金融机构改革，通过炒作中国"制造债务陷阱"以说服发展中国家抛弃与中国的合作。美联社还炮制了长文《中国贷款将世界最贫穷国家推向崩溃边缘》，宣称巴基斯坦、斯

---

　　* 作者为巴基斯坦亚洲生态文明研究与发展研究所首席执行官。本文 2023 年 9 月 15 日发表于中国人民大学重阳金融研究院联合"长安街知事"微信公众号推出的《全球治理大家谈》栏目。

里兰卡、肯尼亚等国是"受害者"。

中国让巴基斯坦等国陷入"债务陷阱"了吗？某些西方国家近年来频频挑拨中国和巴基斯坦的关系，抹黑中巴经济走廊。如何看待这些挑拨中巴关系的行为？中巴关系经得起考验吗？巴基斯坦亚洲生态文明研究与发展研究所首席执行官沙克尔·艾哈迈德·拉马伊（Shakeel Ahmad Ramay）就中巴关系及"一带一路"倡议的影响等进行分享。

中国从不强行给他国上"民主课"

知事：华盛顿方面声称，中国向巴基斯坦和其他"一带一路"合作伙伴提供的发展融资是一个债务陷阱。您如何看待美国诋毁中国通过"掠夺性融资进入和削弱东道国并获得政治影响力"？"一带一路"倡议使巴基斯坦陷入债务危机了吗？

沙克文·艾哈迈德·拉马伊：从经济角度来看，"一带一路"倡议下的贷款本质上是生产性投资，主要面向如能源等关键部门和道路等基础设施建设，在这些领域的投资可以创造巨大的经济机会。

中国通过中巴经济走廊向巴基斯坦投资了至少 620 亿美元，这是"一带一路"倡议的一部分。其中只有 57 亿美元是贷款形式，以投资的方式被用于巴基斯坦的能源部门，这对巴基斯坦来说是雪中送炭。

当巴基斯坦每年因电力而造成的损失高达 40 亿—50 亿美元，巴基斯坦政府致力于解决能源问题之时，来自中国的贷款成功地为工业提供了动力，也促进了巴基斯坦企业和人民生活的改善，在经济平衡方面发挥了关键作用。

从本质上讲，生产性的债务通常不会导致债务陷阱，只要债务国能够利用这笔资金促进本国相关行业的发展。巴基斯坦的实际情况证明，"债务陷阱"叙事只是西方捏造的谎言，巴基斯坦的开伯尔—普赫图赫瓦省（KPK）、旁遮普省和其他地区都没有经历所谓的"债务陷阱"。

另外，西方媒体经常讨论斯里兰卡和赞比亚的债务问题，却从不告诉国际社会具体的数据。

在斯里兰卡的债务构成中，来自西方私人金融机构的借款高达近50%，赞比亚的情况也差不多。相比之下，中国债务仅占斯里兰卡从亚洲开发银行获得债务总额的10%多一点，还提供比西方金融机构更优惠的贷款条件。

50%的债务都不是陷阱，区区10%的中国债务怎么就成了"陷阱"？这种指控在经济上站不住脚。就连约翰斯·霍普金斯大学等美国机构进行的研究调查，也没有发现中国制造"债务陷阱"的证据。面对海量的信息，区分哪些是美西方国家的宣传、哪些是事实，这一点很重要。

知事：您认为西方国家为什么要炒作"中国债务陷阱"论？

沙克文·艾哈迈德·拉马伊：西方长期以来一直宣扬西式的民主自由和经济秩序理念，认为这是唯一可行的发展路径和国际治理的终极解决方案。可是西方的模式和经济体系经常受到军工复合体的影响，倾向于打着民主的旗号干涉他国事务，实际上与其所坚持的民主原则背道而驰。如果小国不听指挥，就有可能招来"颜色革命"。

然而，中国已用自身的发展成果向世界证明，不同的发展模式都可以茁壮成长。在发展方式上，中国艰苦奋斗式的成长历程不同于西方历史上殖民掠夺式的资本积累，这对一直试图通过掌控全球局势来阻碍其他国家独立发展的西方来说，简直难以相信。在发展理念上，中国从不强行给其他发展中国家上"民主课"，也不插手其内政。中国向世界提供了一个选择：让我们在不干涉彼此事务的前提下，共同致力于经济发展。

中国的发展方式、理念和成果，从各个方面挑战了先前占主导地位的西方叙事，西方对此产生了危机感，还有随之而来的猜忌。

不要掉入"反叙事"的陷阱

知事：我们注意到，某些西方国家近年来频频挑拨中国和巴基斯坦的关系。比如，去年巴基斯坦遭遇了前所未有的洪涝灾害，美国媒体就开始炒作所谓的"中国未全力帮助巴基斯坦抗洪"的说法。巴基斯坦发生袭击事件，一些心怀叵测的西方媒体借机抹黑巴基斯坦，抹黑中巴经济走廊。您如何看待这些挑拨中巴关系的行为？他们的目的是什么？中巴关系经得起考验吗？

沙克文·艾哈迈德·拉马伊：这不是一个新现象。

从新中国成立以来，巴中兄弟情谊始终如一。"巴铁"的意思，就是拒绝挑拨。两国关系不仅坚定，而且还在不断加强。

随着中巴经济走廊的扩大，渲染炒作和恶意诬蔑纷至沓来，试图阻碍中巴经济合作。在离间中巴关系这一企图上，西方一开始打算利用新疆问题，声称维吾尔族穆斯林受到虐待，并以此为幌子，暗示巴基斯坦应该与中国保持距离。

有一个荒谬的报道给我留下了深刻印象。接受采访的所谓"专家"拿出照片，声称在新疆被囚禁、戴上手铐、被限制在房间里不允许自由活动。试问，既然不允许做任何事情，那他是如何拿到手机拍照，还通过卫星互联网与世界分享照片的？这说不通，不过是西方为自己的特定议程而宣传的毫无根据的谎言。

与以往不同，我们如今处在一个互联互通和数字化的新时代，信息传播的速度和广度前所未有。在面对那些宣传叙事时，我们不能仅仅作出反应，而应主动采取行动，与其单纯否定，不如要求对方提供具体的数据和证据。

同时，我们也应该积极提出自己的叙事，避免陷入"反叙事"的循环中。

当他们说"债务陷阱"时，我们应该强调"债务减免"，要告诉世界中国在债务减免方面所做的努力。中国的债务减免为第三世界国家提供了额外的资源，帮助它们偿还世界银行和国际货币基金组织等西方金融机构的贷款，这正是中国施以的援手。

当西方对中国的人权建设指指点点时，我们应该直指西方在人权问题上劣迹斑斑的事实。比如，他们是诚心诚意地关心穆斯林的福祉吗？从来没有。他们的犯罪前科历历在目。他们只是试图利用穆斯林的名义在我们两国之间播下分歧的种子。

尽管巴中友谊很稳固，但面对信息泛滥，并非每个人都能获得全面的信息，这可能导致人们受到西方宣传攻势的影响，对于何为真实、何为虚假感到困惑，这也正是我们需要建立自己叙事的原因。我们必须使用好各种工具来准确反映现实。

"输不起"就要赖

知事：当前，全球很多讨论都指向全球化将退潮，"脱钩断链"的声音不断。在这种情况下，中巴将要向世界传递怎样的声音？两国要如何加强合作，加强互联互通？

沙克文·艾哈迈德·拉马伊：这轮反全球化浪潮揭示了一个明确的信息：当西方国家发现自己在原本占优势的领域地位不保时，他们往往会反对促进全球化的举措。

此前，西方国家宣扬全球化的好处，是因为他们觉得自己的企业能在贸易和服务领域稳赚不赔、永保领先，但现在情况发生了变化。

中国已经在量子计算、人工智能、5G、6G 等技术方面处于领先地位。对于西方国家来说，技术就是立身之本，现在突然发现自己无法维持主导地位和技术优势了，他们就开始抵制全球化。

华为的遭遇就是典例。尽管华为等中国公司通过了众多安全性测试，但西方各国一直在齐心协力遏制它们的影响力。尤其是美国，不愿让华为与西方的公司竞争。这种不愿源于心虚，从而做出了施加禁令、指责和试图玷污华为声誉等下策。

近期，美国五角大楼采取多项行动加快技术升级，以提高美国公司的技术实力。他们还推出了一些非常规举措，其中包括成立专门致力于这一目标的安全机构，这些举措的矛头多指向中国。

在这种背景下，中国表现出了非凡的耐心，积极发展经济关系，营造开放的环境。同时，中国在全球化进程中继续扮演着领跑者的角色，是多边主义的倡导者。巴基斯坦也希望在中巴经济走廊框架内作出重要贡献。巴基斯坦有能力，也愿意发挥积极作用。

中巴两国都热烈欢迎其他国家参与中巴经济走廊建设。研究表明，中巴经济走廊贸易简化了贸易流程，减少了运输成本，互联互通的强化无疑将使参与的国家受益匪浅。正是出于这个原因，巴基斯坦鼓励其他国家加入中巴经济走廊，中方对此表示赞赏。

积极势头在持续

[英国] 卡洛斯·马丁内斯 Carlos Martinez [*]

10月17日至18日的第三届"一带一路"国际合作高峰论坛，是中国2023年最重要的主场外交活动。来自151个国家、41个国际组织的代表与会，参会嘉宾注册人数超过1万人。

过去10年，围绕"一带一路"倡议，美西方炮制了不少谣言。直到峰会临近，一些美西方媒体还在炒作："一带一路"只能吸引发展中国家，"一带一路"制造了"债务陷阱"，"一带一路"带有"经济胁迫"……

为什么美西方抹黑污蔑多年，仍然有越来越多的国家和地区愿意加入共建"一带一路"？"一带一路"倡议在国际上正面临哪些挑战？如何看待在今年的全球多边峰会上，部分西方媒体和政客不分场合地试图"带跑"经济合作主旋律，强加俄乌冲突或巴以冲突的话题？

---

[*] 作者为英国"社会主义中国之友"网站联席主编。本文2023年10月21日发表于中国人民大学重阳金融研究院联合"长安街知事"微信公众号推出的《全球治理大家谈》栏目。

英国"社会主义中国之友"网站联席主编卡洛斯·马丁内斯（Carlos Martinez）就"一带一路"倡议等进行分享。

马丁内斯表示，共建"一带一路"是中国构建人类命运共同体愿景的一部分，中国带给伙伴国家的是专业知识、资源和经验，更是发展和双赢。西方的恶意指控其实是一种"自我投射"，即西方拿自己实际做过的恶事来指责中国。

积极势头还在持续

知事：根据中国一带一路网的信息，截至 2023 年 6 月，中国已经同 152 个国家和 32 个国际组织签署 200 余份共建"一带一路"合作文件。也就是说，世界上超过三分之二的国家已经就共建"一带一路"与中国达成共识，为什么越来越多的国家和地区愿意加入共建"一带一路"倡议？

卡洛斯·马丁内斯："一带一路"倡议在全球发展中发挥着巨大作用，其历史意义在于为"全球南方"国家提供了实现现代化和摆脱殖民历史枷锁的机会。

本质上看，美西方和"全球南方"之间的关系仍是掠夺性的：利用"全球南方"提供的廉价劳动力、土地和自然资源，发达资本主义国家得以实现对利润的渴求。

"一带一路"倡议与此形成鲜明对比，通过建设广泛的基础设施网络，极大地改善了人民的生活，通过创造更多的就业岗位，共建国家有了摆脱贫困和打破对西方依赖的机会。

在"一带一路"框架下，埃塞俄比亚拥有了非洲第一条城市轻轨，印度尼西亚的雅万高铁将从雅加达到万隆的通行时间从 3 小时缩短到 40 多分钟。中国带给伙伴国家的是专业知识、资源和经验，更是发展和双赢。共建"一带一路"是中国构建人类命运共同体愿景的一部分。

"一带一路"倡议在非洲、亚洲和太平洋等地区已取得显著成效，现在正在拉丁美洲和加勒比地区开花结果，叙利亚、尼加拉瓜、阿根廷、古巴、赞比亚等国近期都加入了共建"一带一路"倡议，还有许多其他地区的国家也在主动了解、对接，这种积极势头将持续下去。

知事：您认为"一带一路"倡议在国际上正面临哪些挑战？这些挑战的根源是什么？

卡洛斯·马丁内斯：第一个挑战源于美国对"一带一路"倡议心怀不满。美国的名义国内生产总值（GDP）高居全球首位，在西方世界具有巨大影响力。美国的战略基本上立足于将其 20 世纪的主导地位延伸到 21 世纪，这一愿景被称为"新美国世纪计划"。

在该战略下，尽管美国的许多盟友参与共建"一带一路"会为本国带来实质性的好处，美国仍试图利用自己的影响力劝阻盟友，对待印度、菲律宾和欧洲都是如此。

欧洲本可以而且应该成为共建"一带一路"的重要参与者。一方是拥有经济、市场和人口的亚非国家，一方是在先进工程领域拥有丰富经验的欧洲，如果能够架起"桥梁"，欧洲就可以从与亚非新兴市场的联系中获益。

然而，由于长期以来在意识形态和经济上与美国结盟，欧洲经常被迫与中国保持一定的距离。这种压力很可能在未来几年会持续下去，问题的关键在于这些美国的盟友能否坚持战略自主权，将自己融入共建"一带一路"这个历史上最重要的全球发展倡议。

此外，"一带一路"倡议还面临着西方对华战略不稳定的挑战，而受到这种战略波动影响的国家，有许多位于"一带一路"的东西陆路通道上。

其实是自我投射

知事：近几年，以美国为首的西方国家大肆炒作"中国经济胁迫"，他们煞有介事地渲染在华投资"风险"，声称许多企业在中国遭遇"胁迫"。他们还极力抹黑"一带一路"倡议，宣称这是中国对其他国家进行"经济胁迫"的手段，妄图破坏中国的国际合作，把更多国家拉入他们的"反华包围圈"。您如何看待这种所谓"经济胁迫"的论调？

卡洛斯·马丁内斯：这是令人难以置信的讽刺，表明美西方缺乏自省，美国才是无可争议的"经济胁迫之王"。这种观点得到了美国国内分析人士的认同，其中包括著名经济学家萨克斯（Jeffrey Sachs）教授。

萨克斯指出，美国目前在全球范围内实施经济胁迫：美国单方面对中国、朝鲜、伊朗、叙利亚、古巴、委内瑞拉、尼加拉瓜、厄立特里亚、津巴布韦等多个国家实施单边制裁。

此外，美西方的贷款机构都附加贷款条件，这构成了另一种形式的经济胁迫。当一个发展中国家或财政困难的国家，向国际货币基金组织或美西方贷款机构寻求帮助时，通常是有条件的，如必须将供水、教育系统私有化，必须向西方跨国公司开放国内市场。

而中国从不采取单边制裁，也不实施贷款条件限制，既没有陷阱，也没有与重要基础设施项目相关的惩罚性措施。中国的贷款是通过国家或公司之间的双边协议商定的，用于借款国要求的项目。

近日，塞内加尔总统麦基·萨勒在接受 CGTN 采访时特别强调了这一点。他说，中国对非洲的财政支持是基于非洲国家的需求，具体优先事项由非洲自己决定。

有关中国采取强制手段或制造"债务陷阱"的说法已被彻底揭穿。值得注意的是，指责中国的国家实际上都不是这些贷款的接受国。

斯里兰卡、孟加拉国、塞内加尔、津巴布韦、刚果民主共和国、阿根廷、古巴、委内瑞拉和尼加拉瓜……这些直接接受中国贷款的国家并没有指责中国制造"债务陷阱"，提出指控的却是美国、英国、欧盟和加拿大。

这非常荒谬：那些被认为受到影响的人没有提出担忧，反倒是没有参与的人在领导一场针对中国的舆论战。这种没有根据的指控其实就是一种"自我投射"，即西方拿自己实际做过的恶事来指责中国。

西方不在乎

知事：在国际多边外交场合，以美国为首的西方国家和广大发展中国家的隔阂似乎愈来愈明显。在今年的 G20 峰会上，中国在倡导共同发展，其他发展中国家在关注落实 2030 可持续发展议程，而西方国家则聚焦于谴责俄罗斯。您如何看待美西方国家的这种心态？

卡洛斯·马丁内斯：西方，尤其是美国对俄乌冲突的反应很能说明问题。在过去的二三十年里，美国发动了多场战争，造成了许多复杂的局面，这些都没有像乌克兰一样在美国的新闻报道和政治话语中占据如此多的关注。

1999 年，以美国为首的北约在未经联合国安理会授权的情况下，对主权国家南联盟进行狂轰滥炸，使南联盟遭受了 78 天的毁灭性打击。西方媒体却将其描绘成一场"小规模冲突""必要的人道主义干预"。

2003 年，伊拉克也出现了同样的情况。虽然乌克兰的局势无疑是悲剧性的，但与伊拉克相比，它就相形见绌了。

在伊拉克，战争导致约 20 万—25 万平民死亡，其中美军直接致死逾 1.6 万人。这个国家基本上被炸回到石器时代，到现在还没有完全恢复，2023 年的伊拉克甚至处于比 2003 年更糟糕的发展状态。即便如此，伊拉克都成为不了西方议程上的焦点。

有些西方政客以前以"战争鹰派"而闻名，比如美国总统拜登，他几乎支持了每一场美国参与的战争，现在却表现得像一个"和平活动家"和"坚定的反战者"。

在俄乌冲突中，有一个重要的地缘政治因素在起作用。美国想利用这场战争削弱俄罗斯，最好能让俄罗斯发生政权更替，这样就能使俄罗斯与西方保持一致。

因此，对美西方而言，俄乌局势才是世界上唯一重要的事。应对气候变化、减贫、粮食安全、消除不平等和核扩散等问题在美西方眼中已经失去了意义，哪怕这些都是"全球南方"国家亟待解决的问题。西方在很大程度上无视了他们的诉求。

"俄罗斯依附中国"？甭理！

[俄罗斯] 谢尔盖·格拉济耶夫 Sergey Glaziev *

近年来，去美元化、扩大本币结算的趋势在全球日益明显。中俄作为全球主要的经济体与重要贸易合作伙伴，两国间的本币结算合作不断取得新进展。

数据显示，2023 年前 10 个月，中俄贸易额突破 1964 亿美元，超过全年 2000 亿美元的目标已无悬念。俄罗斯总理米舒斯京 11 月表示，俄中两国已有超过 90% 的跨境结算在用本币进行。

就在中俄稳步推进全方位、多层次合作的同时，美西方的舆论开始"左右开弓"，一面渲染中俄"联手抵御西方"，一面声称"俄罗斯依附中国"，试图挑拨离间。

如何看待美西方的诋毁和挑衅？俄罗斯在"一带一路"框架下取得了哪些发展？欧亚经济联盟与"一带一路"倡议对接进展如何？

* 作者为欧亚经济联盟一体化和宏观经济部长、俄罗斯科学院院士、俄罗斯总统普京原经济顾问。本文 2023 年 11 月 13 日发表于中国人民大学重阳金融研究院联合"长安街知事"微信公众号推出的《全球治理大家谈》栏目。

下一步将重点关注哪些方面？俄罗斯正在大力推进"去美元化"，采取了哪些行动？欧亚经济联盟一体化和宏观经济部部长、俄罗斯科学院院士、俄罗斯总统普京原经济顾问谢尔盖·格拉济耶夫（Sergey Glaziev）就"一带一路"倡议和中俄关系等进行分享。

对接取得成功

知事：2023 年 10 月 18 日，俄罗斯总统普京在出席第三届"一带一路"国际合作高峰论坛开幕式时表示，"一带一路"倡议旨在推动构建一个更加公正的多极世界，是面向未来的重要全球性计划。他在此前接受采访时表示，俄方有意将"大欧亚伙伴关系"、欧亚经济联盟同"一带一路"倡议对接，以实现共同的发展目标。欧亚经济联盟与"一带一路"倡议对接目前进展如何？下一步的重点是什么？

谢尔盖·格拉济耶夫：毫无疑问，"一带一路"倡议是世界上最大的一体化项目。十年间，中国同共建国家货物贸易额从 1.04 万亿美元增加至 2.07 万亿美元，年均增长 8%。倡议促成的投资也出现了显著增长，超过了亚洲和欧洲开发银行的投资总和。"一带一路"倡议为后自由主义全球化时代国家间经济互动提供了范例。

在自由主义全球化阶段，国际经济关系的核心是贸易和货币管制的自由化。这种理论上的"自由化"在实际中为美欧的寡头和金融机构带来了巨大利益。在某种程度上，这是一场"零和游戏"，美欧的资本进入"全球南方"国家，控制了这些国家的主要收入来源，拿走了巨额利润，对许多国家来说不啻为一场灾难。但现在，自由主义全球化时代正接近尾声。

在新兴的国际经济格局中，焦点从僵化的贸易和货币监管转向了相互投资。在此背景下，投资者不必关心这个国家的货币监管或贸易制度是什么样的，这是对方的内部问题。中国的"一带一路"倡议就体现了这一转变，该倡议是未来国家间经济合作的典范，其理念是结合各国的竞争优势，促进商品和服务的流通，造福于全人类。

根据中俄两国领导人的决定，两国已正式宣布将"一带一路"倡议与欧亚经济联盟对接合作。未来，中俄可以在欧亚经济联盟框架下共享经济空间，与中国企业和开发性金融机构一起创造更多相互投资的机会。

这些投资中大约有一半是在交通运输领域。俄罗斯作为欧亚大陆面积最大的国家，在联通东西方面发挥着巨大的作用。俄罗斯与"一带一路"共建国家合作最重要的优势之一就是"新交通走廊"（"欧洲—中国西部"国际交通走廊）的建设。

电力、能源领域，以及商业和物流中心的建设也是投资的重要目标，分别占俄罗斯与"一带一路"倡议共同投资的20%左右。

欧亚经济联盟和"一带一路"倡议的对接是建立在欧亚经济体与中国大规模经贸合作协议的基础上，在一个专门的框架内运行。

过去三年双方合作成果显著。2022年，中国与欧亚经济联盟成员国贸易额超2000亿美元，同比增长30%。中国已成为该地区最大的合作伙伴，约占该地区对外贸易的24%，其中出口占38%，进口占18%，预计今年双边贸易总额将再创新高。而且，中俄两国的贸易额也从5年前的1000亿美元增长了一倍，这标志着欧亚经济联盟与"一带一路"倡议对接取得成功。

目前，中国已成为我们贸易伙伴国中的龙头，是俄罗斯等欧亚经济联盟国家的第一大对外投资国和主要合作伙伴。与此同时，中俄还积极加强在贸易监管和合作领域的合作。例如，在贸易和物流等方面开展了数字经济合作，共同改进海关法规以简化流程，并在食品监管方面协调技术法规。

未来几乎所有中俄贸易将用本币结算

知事："去美元化"正在成为国际社会一个热词。在今年的金砖峰会上，俄罗斯总统普京在视频致辞中表示，金砖国家之间"去美元化"进程不可逆转，且正在提速。俄罗斯在"去美元化"方面已经做了哪些工作？

谢尔盖・格拉济耶夫：由于技术和经济模式的变化，发展中国家的社会经济正在经历结构性变化，在通往现代化的路上，他们遇到了"拦路虎"，那就是美欧正利用其在世界金融体系中的优势来达到政治目的，试图维持对世界储备货币的支配地位。

但局势已经越来越明了，这场由美欧发起的"隐秘战争"注定要失败。西方国家曾经引以为傲的竞争优势，如创建全球货币并将其作为一种政治架构的模式，如今已经逐渐失去力量。人们对美西方政治体系的信任度正在下降，对其货币作为可靠的储蓄和投资工具的信心也受到动摇。

作为对美国及其欧洲盟友扣押俄罗斯外汇储备以及将俄罗斯排除

在西方金融体系之外的回应，俄罗斯选择与西方货币保持距离，这些货币被西方用作政治压迫的工具，甚至作为反对独立主权国家的武器。

俄罗斯将建立更安全的金融基础设施，使用数字货币和区块链技术来规避国际银行实施的惩罚性措施。通过推进在国际贸易中使用各国数字货币进行结算，并建立国家数字货币市场来促进各国之间的支付和国际结算。

此外，为满足我们的共同项目和相互贸易的资金需求，应引入一种新的国际数字货币。这种国际数字货币应以"两种货币篮子"为基础：第一个"篮子"包含了参与此协议的各方的国家货币，意味着新的国际数字货币的价值将由参与国家的国家货币权重构成；而第二个"篮子"则包括所有各方共同生产和消费的商品，这表示新的数字货币的价值也将与各方参与的经济活动和商品贸易有关。这种货币可以作为避免通货膨胀的稳定工具，并为参与国的贸易提供透明和便捷的支付方式。

如今，许多国家正逐渐在贸易结算或投资中转向使用人民币。在莫斯科交易所，人民币与卢布的交易份额已超过美元和欧元，未来几乎所有的中俄贸易将使用本币结算。其他欧亚经济联盟国家也呈现出越来越倾向于使用本国货币的趋势。

虽然使用本国货币进行交易可以减少一些风险，但仍然存在一些难以解决的问题。其中最主要的问题是价格形成依赖于其他国家，即商品估值仍然依赖于美国、英国和欧洲的交易所来确定，这会导致商品价格波动和贸易关系的不稳定。

因此，我们需要建立自己的、稳定的、可持续的商品价格形成机制，引入新的国际数字货币有助于实现这一目标。

不要在意那些国家的看法

知事：美国和一些西方国家不断诋毁中俄新时代全面战略协作伙伴关系，您对此有何看法？

谢尔盖·格拉济耶夫：不要在意那些不友好国家对中俄新时代全面战略协作伙伴关系的看法。俄罗斯和中国作为两个主权国家，可以根据各自的利益所在来发展两国关系。

俄中两国领导人定期会晤，这是最高水平的信任和相互理解。我们两国在重大外交政策问题上的立场相似，在联合国安理会的投票也经常一致。

俄中贸易发展良好，在西方对俄贸易禁运后，俄罗斯从中国进口的产品在很大程度上取代了从欧洲进口的产品，俄罗斯的能源资源和许多原材料的出口都转向了中国。

目前，就合资企业的数量和与中国经济合作的程度而言，中美和中日的贸易额远远超过了中俄的贸易额，后者未来还有很大的增长空间。俄中在科技方面的合作还可以进一步深入，并发展彼此的开发性金融机构和大银行之间的密切合作。

最后，通过增进大学间学术交流和双学历培养等形式，扩大两国在教育和科学领域的合作至关重要。还有必要通过在第三国的联合投资，形成俄中竞争优势结合的合力。

两年前的决定，澳大利亚后悔了吗？

[澳大利亚] 戴若·顾比 Daryl Guppy[*]

澳大利亚总理阿尔巴尼斯的中国之行于 2023 年 11 月 7 日晚结束，澳外长黄英贤也将从北京赶往东京。此行是阿尔巴尼斯上任以来首次访问中国，也是自 2016 年以来澳大利亚总理首次访华。

11 月 5 日，阿尔巴尼斯在上海出席了第六届中国国际进口博览会开幕式等系列活动。他表示，澳大利亚将持续与中国加强沟通，推动旅游、贸易等领域的务实合作。

阿尔巴尼斯说："旅行是两国人民对话交流的最好方式之一。我们在彼此的国家可以了解对方的文化和风土人情。旅游业是重要的双边产业链。"

阿尔巴尼斯访华希望达成哪些成果？对于改善中澳关系有哪些作用？这是否意味着澳大利亚对华政策的方向有所改变？此前，维多利

---

[*] 作者为澳大利亚中国工商业委员会董事会成员、丝绸之路国际商会澳大利亚代表。本文 2023 年 11 月 8 日发表于中国人民大学重阳金融研究院联合"长安街知事"微信公众号推出的《全球治理大家谈》栏目。

亚州决定同中方在"一带一路"框架下开展合作，但 2021 年 4 月澳政府取消了这份合作协议。对此，澳大利亚后悔吗？政界和商界是否有想要重新加入的声音？澳大利亚中国工商业委员会董事会成员、丝绸之路国际商会澳大利亚代表戴若·顾比（Daryl Guppy）就"一带一路"倡议和中澳关系等进行分享。

澳大利亚对华政策方向未发生实质性变化

知事：今年以来，澳大利亚总理阿尔巴尼斯多次表达了访华的意愿。11 月 4 日至 7 日，他正式访问中国。您认为此访希望达成哪些成果？对于改善中澳关系有哪些作用？

戴若·顾比：此访对推动中澳关系发展具有重要意义，有助于澳方更准确地了解中国的实际情况。

此前，澳大利亚媒体误导性的报道，以及安全部门危言耸听的简报，对政府的决策产生了很大影响。此行是阿尔巴尼斯就任总理后首次访华，为他提供了一个与中国人民互动的机会，看看中国的真实面貌。此外，他致力于缓和两国的贸易关系，并解决最近困扰澳中关系的一些问题。但要做到这一点，需要澳大利亚撤销过去多年针对中国产品和服务实施的歧视性贸易壁垒。

澳大利亚工商界也希望借此访与中方进行更深入的讨论，并期待这次访问取得有益成果。这次的氛围与此前的澳中关系基调有所不同，澳方真诚地希望以文明的方式倾听、理解和解决问题。

知事：从 2017 年开始，澳大利亚特恩布尔政府和莫里森政府盲目跟随美国，炒作"中国威胁论"，以所谓"国家安全"为由阻碍两国间正常经贸活动，中澳关系和经贸往来降至低谷。如今阿尔巴尼斯政府有意修复与中国的关系，这是否意味着澳大利亚对华政策的方向有所改变？

戴若·顾比：虽然一系列迹象看起来像是政策转变的信号，但实际并非如此。由于澳大利亚越来越靠拢美国的对华政策方针，澳方自身的对华政策方向非但没有发生实质性变化，甚至在许多方面还保持了强硬态度。阿尔巴尼斯和美国总统拜登最近在华盛顿的会晤表明，澳大利亚在对华政策上同美国没有分歧。

值得注意的变化在于澳方与中国接触的语气，不再"大喊大叫"，不再发表对抗性言论。澳大利亚外长黄英贤是一位老练的外交官，她明白，无声的外交比大喇叭扩音式的责骂能取得更好的效果。这是一种礼貌的语气，以求双方能顺畅地交流与合作，是双方关系缓和的积极表现，但并非政策方向发生了重大变化。

倘若将此解读为澳大利亚完全背离了美国的对华政策，特别是美国炒作的"中国威胁论"，那将是一种误解。但我希望，在这种缓和的气氛里，中澳双方能够开展更多的旅行合作与交流，更深入地了解彼此的需求和愿望，这符合两国的利益。

澳大利亚后悔了吗？

知事：您曾经在接受《南华早报》采访时表示，"丝绸之路"是全球化最早的一种形式，它把丝绸和茶叶带到欧洲。您认为中国是第一个认识到新型全球化，即全球经济核心正在改变的主要经济体，您相信中国将推动全球化的新迭代。那么"一带一路"倡议对于新型全球化有什么意义？

戴若·顾比：新型全球化的重要之处不只在于"新"，更在于它重新发现了当初"丝绸之路"的理念，即贸易致力于带来合作互利，而非西方眼中用来征服和剥削的工具。

在中国古代，以陶瓷为代表的商品沿着丝绸之路走向世界各地。在印度尼西亚海域打捞起的中国古代沉船中发现，船上所载的瓷器是专门为与其他亚洲国家的贸易而制作的，一眼就能看出不是为国内消费而设计的。在欧洲销售的中国古代瓷器也有相同的特点，是为欧洲市场量身定制的独特设计和结构。

这些设计根据目标市场的喜好经历了重大的演变，并不附带剥削、征服的意味。中国的丝绸和瓷器可以在罗马和希腊购买到，但不意味着中国需要统治罗马或希腊。同样，中国的茶叶在英国售卖，也不表明中国必须控制英国才能促进贸易繁荣。

"丝绸之路"不涉及中国对其他任何国家的军事或政治统治，也不植根于对劳动力和自然资源的殖民剥削，与英国东印度公司所代表的剥削型军事控制完全不同。中国从未采取过这样的战略，它既不是"丝绸之路"的精神，也不是当前"一带一路"倡议的精神。

"一带一路"倡议是过去十年来全球最重要的发展倡议。它尊重不同国家的发展道路和意识形态，致力于促进以互利关系而不是以剥削关系为基础的增长，在平等、开放和包容的基础上共创繁荣，这是其独到之处，也是美欧支持的各种援助项目永远无法比肩之处。

必须指出的是，"一带一路"倡议建立在四个重要支柱之上，分别是以港口、铁路为代表的硬件基础设施，以跨境贸易的规划和监管框架为代表的贸易基础设施，以数字经济推动下支付系统的改进和区块链技术对商品、服务认证为代表的软件基础设施，以及以资本市场运作为代表的资本基础设施。

这四大基石构成了"一带一路"倡议的精髓，也使"一带一路"成为全球贸易合作的未来所在。因此，越来越多的国家积极加入其中。

知事：此前，澳大利亚维多利亚州决定同中方在"一带一路"框架下开展合作，但是2021年4月澳政府取消了维州政府同中方签署的"一带一路"合作协议。对此，澳大利亚后悔吗？政界和商界是否有想要重新加入的声音？

戴若·顾比：我所在的州政府力主加入"一带一路"倡议，但由于美国的反对，努力并没有取得效果，澳大利亚在国家层面上独立制定外交政策的能力正在倒退。

目前，联邦层面和州政府的领导人之间在这一问题上存在分歧。比如西澳大利亚州和维多利亚州的领导人已经认识到，澳大利亚的经济与中国有着内在的联系，苛待我们的中国客户没有意义。通过与中国在国家层面的共同努力，我们可以合作制定贸易政策和应对措施。

遗憾的是，在"一带一路"倡议提出之时，我们的联邦政府已经受到某些秘密安全机构建议的严重影响，并坚定地向美国倾斜。虽然西澳大利亚州、维多利亚州和南澳大利亚州强调中澳关系的重要性以及澳大利亚加入"一带一路"倡议的潜力，但短期内澳大利亚不太可能正式加入该倡议。

尽管如此，我认为澳大利亚未来会水到渠成地参与到"一带一路"倡议中。原因在于，澳大利亚在东盟地区的主要贸易伙伴都已深度参与共建"一带一路"，它们已经接受了"一带一路"的协议、标准和流程。

以印度尼西亚雅万高铁的运营为例，它不仅包括实体基础设施，还包括票务和铁路维护所需的软件。与此同时，新加坡最近完成了基于区块链的通关流程，明确表示采用该系统将加快通关速度。

至关重要的是，印度尼西亚和新加坡的系统都符合并遵守"一带一路"合作协议。如果澳大利亚的目标是加强贸易，并寻求维持和改善市场准入，就必须承认和接受"一带一路"共建国家采用的标准。同样的原则也适用于澳大利亚对华出口。如果我们采用"一带一路"的标准对接中国的跨境协议，对华出口的通关速度会更快、效率会更高。

知事：在亚太经合组织成员中，只有美国、加拿大、澳大利亚三个国家既没有与中国签署共建"一带一路"合作协议或备忘录，也没有正式出席第三届"一带一路"国际合作高峰论坛，或者在"一带一路"框架下合作。您如何看待这种现象？

戴若·顾比：这一决定反映了无知阻碍进步，霸权凌驾合作，而合作正是亚太经合组织成立的初心所在。说起来有点讽刺，因为亚太经合组织最初是由澳大利亚提出的倡议，奇怪的是，它当时遭到了美国的反对，美国根本不想参与其中。西方国家对"一带一路"倡议所持的观点，主要基于它们自身的历史表现。简单来说，就是西方对于中国的揣测，大多来自自己曾以那样的方式行事。

这种怀疑源于对中国历史的无知。中国已经证明了它有能力在不诉诸军事胁迫的情况下促进国际贸易和经济增长。唐宋时期，在没有军事统治的情况下，中外互惠互利的贸易关系蓬勃发展，这段历史决定了中国对全球贸易的历史态度，并持续影响着中国对全球市场的参与。

亚太经合组织在促进亚太地区合作和经济增长方面发挥了关键作用，相关国家放弃签署共建"一带一路"合作文件的决定，不仅有悖于合作共赢的精神，也损害了对亚太经合组织的支持。

印度想做"棋子",还是"棋手"?

［印度］维贾伊·普拉萨德 Vijay Prashad^{*}

在 2023 年 10 月 18 日举行的第三届"一带一路"国际合作高峰论坛智库交流专题论坛上,印度"新南亚论坛"创始人苏廷德拉·库尔卡尼表示,他非常有信心,印度有一天肯定会加入"一带一路"倡议。

理由有两点:一方面,对于印度来说,如果其西部和东部地区不和中国以及其他邻国合作,是不可能真正顺利发展的;另一方面,南亚地区总人口一共有 18 亿,如果没有印度的合作,就少了很多人。

目前,印度政界、商界和学界如何看待"一带一路"倡议?在当前地缘政治背景下,印度是否有可能把与中国的一些龃龉搁置一旁,在可接受的情况下参与"一带一路"倡议?未来印度将如何"落子",是加入一个经济更加强盛的东方,还是一个政治更加强势的西方?

＊ 作者为印度历史学家、三大洲社会研究所执行董事。本文 2023 年 11 月 6 日发表于中国人民大学重阳金融研究院联合"长安街知事"微信公众号推出的《全球治理大家谈》栏目。

印度历史学家、三大洲社会研究所执行董事维贾伊·普拉萨德（Vijay Prashad）就"一带一路"倡议和中印关系等进行分享。

"一带一路"是个例外

知事：您眼里的"一带一路"是一个什么样的倡议，总体印象如何？

维贾伊·普拉萨德："一带一路"倡议提出已经 10 年了，它非常年轻，正处于鼎盛时期。考虑到人类文明有数千年的历史，或许不该对一个产生只有 10 年的事物评价过高，但"一带一路"是个例外。

为什么这么说？因为"一带一路"倡议指向了人类历史上最令人兴奋的发展方向。自 20 世纪 40 年代以来，虽然许多殖民地国家从殖民统治者手中争取了独立，但始终受制于向西方借钱或为西方市场生产制成品的发展困境。在相当长的时间里，第三世界国家不断呼吁制定另一种发展议程——包括 1974 年联合国大会通过的《建立国际经济新秩序宣言》——但真正的替代方案一直未能实现。

10 年来，"一带一路"倡议首次在布雷顿森林体系之外，为发展中国家提供了另一种选择，那就是投资基础设施和工业化。

印度和中国的关系近年来遭遇了一些挫折，似乎有人一直在火上浇油。这种局势阻碍印度进行理性的思考，不利于开展建设性的讨论，比如说"一带一路"倡议在东南亚发挥了什么作用？它如何使那里的人民受益？印度的一些人们在面对事实时变得犹豫不决，相反，他们倾向于相信令人不安的宣传话术。

这不是印度所需要的，我们必须以事实为基础进行思考。我从中国的发展成就中学到最重要的一课就是"摸着石头过河"。你得摸一下石头，理性分辨石头与水，不要试图直接跳过河。

遗憾的是，在中国以外的亚洲地区，无论是对"一带一路"倡议，还是其他有价值的发展项目，严肃的学术探讨仍有不足。我非常期待有一天，印度和中国能够放下边界争端，在理性、科学的原则基础上进行互动，摆脱陈旧和令人不安的意识形态的束缚。

印度的中产阶级已经意识到了

知事：目前印度没有加入"一带一路"倡议，它与中国在其他领域的合作是否有进展？是否在双边合作或其他区域倡议中找到了合作机会？

维贾伊·普拉萨德：印度和中国都是金砖国家和二十国集团（G20）的重要成员。在 2023 年的 G20 峰会上，印度作为东道主，把会议重点放在了发展，而不是深入讨论俄乌冲突等政治问题上。在这些多边场合，印度和中国有足够的空间进行讨论和促进合作。

中印合作的潜力和领域也拥有巨大的扩展空间。在高科技领域，印度想努力发展高铁，但苦于铁路系统未升级，以及缺乏技术手段。众所周知，中国的高铁技术领跑世界，印中若能携手，可能产生惊人的效果。反过来，印度在互联网技术和软件工程方面位居世界前列，中国也能从相关合作中获得巨大的互补收益。

中印两国是世界上人口最多的两个国家，合作潜力巨大。随着全球重心向亚洲转移,这种合作关系将进一步增强亚洲的影响力。

值得注意的是,直到 10 年前,印度在很大程度上还是坚持西方的观点,尤其是在政治和经济问题上,基本奉行新自由主义。但近年来,印度的中产阶级已经意识到,印度与西方的密切关系并没有带来实质性的好处,西方缺乏为印度经济增长进行必要投资的意愿和资源。

这种态度的变化具有重要意义,并在金砖国家和 G20 中引起了共鸣。曾有一段时间,G20 似乎变成了 G7 对其余 13 个国家施加影响的平台,更像是"G7 +",而不是真正具有代表性的 G20。

但这一情况已经发生了明显转变。如今,无论是 G20 还是金砖国家,都焕发出新的活力。越来越多的国家希望加入金砖国家,包括埃塞俄比亚(中非合作的关键国家)等国。这些国家是地区经济大国,政治意义重大。

今年的 G20 峰会是在印度举办的,未来两年,G20 峰会还将继续在两个金砖国家巴西和南非举行。"全球南方"的崛起为这些国家提供了重大的议程设定潜力,它们的优先事项不一定与西方议程一致。

知事:您认为在当前地缘政治背景下,印度是否有可能把与中国的一些龃龉搁置一旁,在可接受的情况下参与"一带一路"倡议?

维贾伊·普拉萨德:我认为这是一个具有挑战性的问题,如果要达到这一步,印度和中国都有很多工作要做。

在中国,印度被视为一个遥远的地方,印度对中国也是这么看的,但实际上我们是邻国。同时,位于印度和中国之间的尼泊尔正在努力拉近中印两国的关系。中印关系对尼泊尔、不丹和该地区的其他几个国家都产生了直接影响。

因此，中印不仅要在政治上接近，更要进行文化交流。当我在中国旅行时，我惊讶地发现中国人对印度知之甚少。同样，在印度，你也会发现人们不了解中国。中印两国的民众往往更熟悉欧洲和美国，而不是作为邻国的彼此。这是殖民历史导致的恶果，两国人民对喜马拉雅山脉另一边丰富多彩的文明认识有限。

当印度中产阶级到中国旅行，他们总是会惊叹于中国的高铁。这不仅仅是关于火车，也是人与人之间的交流。我坚信，外交超越政治，文化交流的桥梁建设必须循序渐进。就像摸着石头过河一样，有些石头是政治的，有些是文化的，你不能跳过这条河。

全球再平衡的进展取决于中印

知事：在东西两个世界，印度始终不愿选边站队，是否因为印度不愿做"棋子"，哪怕是决定胜负的"棋子"，而是想做"棋手"？

维贾伊·普拉萨德：这是个有趣的问题，实际上很难回答，主要是由于印度在过去三四十年见证了不同的政治取向。前任总理辛格领导下的中左翼政府执政了八年多，而现任总理莫迪来自右翼民族主义政党，这自然产生了两种不同的政治风格。

在辛格任期内，他在印度参与金砖国家的进程中发挥了关键作用，并表现出对建立一种新金融框架的浓厚兴趣。在与美国保持战略关系的同时，印度也发起了与中国政府的对话，加强了与海湾国家、印度尼西亚、越南和其他国家的联系，凸显出印度不想脱离亚洲的叙事方向。

2014 年莫迪上任之初,印度政府对金砖国家的议程及相关计划明显疏远。然而,俄乌冲突推动了印度外交的转变。在美国的施压下,印度发现自己进退两难,既要维护与俄罗斯的长期关系,又要抵制外部的指手画脚。最终,乌克兰危机催化了印度外交政策的变化,促使印度与亚洲国家建立了更紧密的关系。

当前,欧洲正因俄乌冲突而深陷危机,美国即将进行总统大选,下任领导人是谁尚不明朗,这为印度提供了机会。至于印度是否会借机与其他"全球南方"国家开启新的对话,是否会主动与拉丁美洲国家建立新的联系,还不得而知。

我想重申,全球再平衡的进展取决于印度和中国找到利益共同点,克服长期存在的问题。20 世纪 50 年代,周恩来总理和印度总理尼赫鲁多次对话,中国同印度的友好关系蓬勃发展,当时印度的口号是"Hindi—Chini Bhai Bhai"——"中国印度亲如兄弟"。如果现在我们能重返那种热切联系,将是两国关系的重要一步。

在两国解决这些问题之前,我们不会跳跃到新时代,而将继续处于西方主导的世界秩序和以亚洲为重心的新时代崛起之间的过渡时期。为了实现亚洲成为世界重心的未来,我们必须首先解决印度和中国之间的分歧。

知事:前不久的 G20 峰会上,印度最终站在了金砖国家阵营中一起对抗 G7。未来,印度更倾向于加入一个经济更加强盛的东方,还是一个政治更加强势的西方?

维贾伊·普拉萨德:西方的政治主导地位不会持续太久了,事实上，这种转变已经发生了。在以色列轰炸加沙地带一事上，西方已经无法让其他国家，甚至海湾国家同意西方的立场，更不必说非洲国家领导人了。西方在全球发展中国家中失去了政治节奏，这就是当前的现实。

然而，印度政府似乎对当前世界上出现的新机遇有些犹豫不定。尽管在公开场合，印度声称不会接受任何人的指令，但它仍坚持亲美的立场。在很多方面，当华盛顿告诉印度政府该怎么做时，印度政府不会拒绝。这种对外部指令的依赖需要打破。印度不应该听从美国的命令，它应该听从自己人民的指示，这才是现代社会的意义所在。

很明显，像印度这样幅员辽阔的国家——人口已经超过中国——必须努力解决贫困问题。这一挑战的解决答案不会在华盛顿，美国本身的贫困率也在上升，而非下降。印度到底应该如何选择，值得仔细思考。

夹在"冲突带"里，中国自有办法

［马来西亚］翁诗杰 Ong Tee Keat[*]

过去的两个月里，中国有多场重大的主场外交活动：第三届"一带一路"国际合作高峰论坛，来自 151 个国家和 41 个国际组织的代表来华参会，注册总人数超过 1 万人。

第十届北京香山论坛期间，来自 90 多个国家、地区和国际组织官方代表团参会，参会代表数量和层级创历史新高。

2023 年 11 月召开的第六届中国国际进口博览会，迎来了 154 个国家、地区和国际组织的来宾，美国、洪都拉斯等国首次派出高级别官员参会。美国大豆出口协会首席执行官苏健感慨道，这是他在世界各地见过的最大的活动。

为什么会有这么多国家愿意来中国参会？国际社会希望从中国听到什么？俄乌冲突、巴以冲突、叙利亚问题、缅北激战……被多场地

* 作者为马来西亚国会原副议长、联邦交通部原部长暨亚太"一带一路"共策会会长。本文 2023 年 11 月 17 日发表于中国人民大学重阳金融研究院联合"长安街知事"微信公众号推出的《全球治理大家谈》栏目。

区冲突环绕，中国为什么能享有难得的和平？中美元首会晤及其成果向世界传递了哪些积极信号？亚太经济合作组织（APEC）会议能否为亚太迎来包容发展新机遇？马来西亚国会原副议长、联邦交通部原部长暨亚太"一带一路"共策会会长翁诗杰（Ong Tee Keat）就"一带一路"倡议、全球安全和中美关系等进行分享。

布丁的味道好不好，尝尝才知道

知事：我们看到您受邀参加了第三届"一带一路"国际合作高峰论坛，并且参加了智库交流专题论坛，您对本次大会有怎样的感受？您眼里的"一带一路"是一个什么样的倡议，为马来西亚和东南亚带来了哪些利益和机遇？

翁诗杰：在我看来，"一带一路"倡议是一项宏大的人类互联互通工程，涉及政策、基础设施、贸易、资金和人员等各个维度。在经济民族主义抬头的背景下，"一带一路"倡议凝聚了共同发展和伙伴外交在全球治理中的智慧，是对全球化的支持。

10 年来，已有 150 多个国家参与"一带一路"倡议，约占全球国家总数的 77%，这是对"一带一路"倡议秉持共商、共建、共享原则的多边合作模式投下的信任票。

在我所居住的东南亚地区，"一带一路"倡议为包括马来西亚在内的各国庞大的基础设施发展注入了活力，为缺乏项目资金和技术等几乎无解的难题提供了急需的解决方案，提升了东盟互联互通的水平和地区经济竞争力。

比如，中老铁路成功地将老挝从"陆锁国"变为"陆联国"，带动了一度停滞的泛亚铁路系统；雅万高铁不仅为印度尼西亚爪哇岛的民生福祉带来了跨越式发展，也鼓舞了东盟各国人民。

与此同时，马来西亚半岛正在进行的东海岸铁路项目（ECRL）计划于 2027 年启用，将成为一个很好的范例，展示"一带一路"倡议如何帮助平衡马来西亚发达的西海岸和落后的东海岸之间的经济差距。

"一带一路"倡议超越"睦邻友好"的理念，它代表的是全人类的命运休戚与共、利益交融的全球合作典范，这与孟子"达则兼济天下"的哲学思想也是一脉相承的。

俗话说，"布丁的味道好不好，尝尝才知道"。各共建国家在世界范围内广泛、深入参与"一带一路"倡议，本身就是对西方各种"陷阱论"诬蔑的有力反驳。

各国都在关注中国的动向

知事：过去的两个月，中国有多场重大的主场外交活动，为什么会有这么多国家愿意来中国参会？国际社会希望从中国听到什么？

翁诗杰：中国的多场主场外交活动获得国际社会的积极响应，彰显在当前全球治理萎靡不振、疫后经济亟待提振，却备受新冷战零和思维的困扰下，各国都在关注中国的动向，以及可能为国际社会提供的新思路。

换句话说，这些年来中国崛起所带来的新机遇和主动分享发展红利的举措，已为国际多国带来获得感。"一带一路"倡议的行稳致远，加上进博会的商机盎然，是当前复苏疫后经济的强劲动力。

其中，北京香山论坛日益受关注，因为它标志着"全球南方"国家积极参与全球安全治理的诉求。这是唤醒发展中国家建立本身安全观，不任由强国主宰的新起点。

知事：近期有一张地图在中国的社交网络上很火，图上标注了欧亚大陆正在发生的危机，比如俄乌冲突、巴以冲突、叙利亚问题、伊核问题、阿富汗问题、印巴冲突、缅北激战、半岛问题，和平似乎成为这个世界的稀缺资源。与此同时，中国民众也很忙，"双11"购物节，许多民众都在观看直播购物。许多共建"一带一路"的国家，虽然本土正处于冲突之中，但其驻华大使馆纷纷授权网络账号进行本国商品的直播带货。中国为什么能够享有这份难得的和平？

翁诗杰：中国国内的和平稳定，彰显国家治理，契合民之所需；而摆脱极端贫穷、正视民困，则让人民看到了国家的未来。即便在严峻的外部考验下，中国始终能为14亿多人口提供安居乐业的环境，也为全球治理带来新希望、新契机。

相形之下，多国的战祸连绵，正折射出当前全球治理的失序无章。超级强国垄断国际秩序的领导方式，已不再符合当前多极世界的诉求。

知事：我们注意到，一些西方媒体固守"意识形态"偏见，从"中国挑战自由国际秩序"等方面对中国进行歪曲报道，甚至刻意误读。一些别有用心者指责中国是"威胁的来源"，认为"中国改变国际体系中的权力分配，并在持续的系统性变革中掌控国际规则"。您如何看待西方的这些负面认知?

翁诗杰：西方打从心里抗拒中国参与全球治理已是不争的事实。所谓"意识形态"使然，只是一个方便的借口，毕竟全球治理从来没有明文规定必须独尊一家的治理模式。所谓"自由国际秩序"充其量是第二次世界大战后，西方挟其战胜国话语权的优势，按本身意愿塑造的治理模式，并不符合战后纷纷独立的新兴国家意愿。

当中国为这些国家发声，要求由西方操办垄断的全球治理体系更为包容时，这等同埋下了导火线。及至中国转为主动参与国际事务，并为全球治理提供"中国方案"时，更被视为对现有国际秩序的空前挑战。西方频频指责中方挑战"以规则为基础的秩序"，指的正是西方以本身利益为依归所制定的秩序。在这种秩序下，其他国家毫无话语权，更不允许质疑。

就以国际安全观为例，中国提出的全球安全倡议主张冲突各方的安全关切必须全面与平等考量，而不是以一己利益为主导，正好抵触西方国家行之有年的国际安全观，即一众国家的安全考量皆必须服膺于西方的安全关切。在此背景下，对中国及其倡议的包容性自然不见容丁西方以自身利益为主导的安全架构。

成果取决于是否议而决、决而行、行而果

知事：应美国总统拜登邀请，习近平主席于 2023 年 11 月 14 日至 17 日赴美国旧金山举行中美元首会晤，同时应邀出席亚太经合组织第三十次领导人非正式会议。会晤后，拜登在社交平台发布五条涉

及中美会晤的推文，表示"我们取得了真正的进展"。您认为中美元首会晤及其成果向当下的世界传递了哪些积极信号？您认为此次亚太经济合作组织会议能否为亚太迎来包容发展新机遇？

翁诗杰：中美元首成功会晤并初见成果，当然是事实，为全世界所乐见。但纵观拜登及其白宫团队在涉华议题上的过往表现，我个人直接的观感是：拜登急于发推文"邀功"，说"我们取得了真正的进展"，主要志在拉升明年的总统选举选情。另外，美国政坛的遏华乃至反华的政策操作，则是顺应其本土民粹政治的炒作，中方有必要清醒对待。

然而，在全球共同关切的议题上，美国不能毫无作为。因此，在气候变化议题上寻求中方的合作，便成为此次中美元首外交的重头之一。

此次亚太经合组织会议能否取得实质性成果，取决于是否议而决、决而行、行而果，这一切要看各与会国是否拿出诚意和决心。参考过去的例子，我们不难发现，国际会议不乏以议决案或联合公报昭示国际社会的举动，可很多时候，各国后来将之视同草芥，自我背弃承诺。

至于亚太经合组织会议能否为亚太迎来包容发展的新机遇，这还言之过早，不容过早乐观。美方的"印太战略"预计不会轻易放弃，其麾下的"印太经济框架"（IPEF）旨将中国排除在亚太经济合作体系之外的居心昭然若揭，对区域性的经济一体化，始终是个会造成分化的隐患。

"我不喜欢听他们这样说中国"

[埃及] 西夏姆·宰迈提 Hisham EI—Zimaity[*]

埃及与中国同为世界文明古国，两国之间的交流始于古代丝绸之路，一直延续至今。2013 年中国提出"一带一路"倡议，埃及是最早加入倡议的国家之一，且一直是"一带一路"倡议的坚定响应者与参与者。

然而，有智库机构在谈到埃及与中国的全面战略伙伴关系时却认为，埃及加强与中国的双边关系，可能不为华盛顿所乐见，"中国在埃及不断增长的投资可能会威胁美国在埃及的经济利益"。

在"一带一路"框架下，中埃在哪些领域的合作取得了重大进展？中国在埃及的投资会威胁美国在埃及的经济利益吗？埃及如何看待中国在中东和全球的形象和影响？以金砖国家为代表的新兴市场国家和发展中国家崛起，反映出国际格局怎样的变化？埃及外交部前部长助理西夏姆·宰迈提（Hisham EI—Zimaity）就"一带一路"倡议和中埃关系等进行分享。

---

* 作者为埃及外交部前部长助理。本文 2023 年 11 月 17 日发表于中国人民大学重阳金融研究院联合"长安街知事"微信公众号推出的《全球治理大家谈》栏目。

中企助力埃及建设

知事：我们看到您受邀参加了第三届"一带一路"国际合作高峰论坛，并且参加了智库交流专题论坛，您对本次大会有怎样的感受？

西夏姆·宰迈提：我很荣幸见证了这一重要论坛的举办。作为参与者，埃及也在为过去 10 年所取得的成就而庆祝，并期待下一个 10 年再创辉煌。

这种乐观情绪源于"一带一路"倡议的目标与埃及政府的国家计划"2030 愿景"，以及涵盖整个非洲大陆的非洲发展计划"2063 年议程"的高度契合。我们共同致力于消除贫困，确保非洲大陆和中东地区的稳定，努力实现可持续发展。

埃及是最早加入"一带一路"倡议的国家之一，中埃领导人也多次举行会晤，体现了埃及对"一带一路"倡议目标的坚定承诺。

中埃在"一带一路"框架下合作的一个典型例子，就是中企积极参建苏伊士运河经济区。目前，约有 130 家中国企业入驻，项目涵盖电子、纺织、汽车制造、交通运输、机械、新能源、石化、基础设施等多个领域，工作区域面积达 5 亿平方米。

中企还参与了埃及首都开罗附近"新行政首都建设计划"的中央商务区（CBD）建设，以及承建了阿拉曼新城超高综合体项目建设。

2023 年 10 月，中国和埃及签署了一项关于债转发展合作的谅解备忘录，为埃及有关发展项目提供资金支持，这是中埃合作的一个里程碑。这一创新合作模式将部分债务资金用于绿色经济、公共卫生、技术和职业培训等领域的"小而美"的项目。这次尝试将成为未来中国与其他发展中国家合作的典范。

"一带一路"倡议的一个重要意义在于，它具有灵活性，可以根据世界形势的变化而变化。它不仅限于改善或建设新的道路、港口、铁路和工业区，也在教育和卫生等重要领域发挥作用，这些领域是新兴国家发展的关键所在。

在疫情期间，中国向埃及提供必要的疫苗和医疗设备，使其成为服务于更广泛的非洲大陆的中心。中国和埃及向世界展示了卫生领域合作的榜样。

数字丝绸之路在埃及的教育方面也发挥着至关重要的作用，使埃及的青年提早为毕业后的人生做好了准备，确保他们有能力承担责任、应对挑战。

与所有人都为友

知事：阿拉伯研究与政策中心（ACRPS）的附属机构华盛顿阿拉伯中心（ACW）在谈到埃及与中国的全面战略伙伴关系时认为，埃及试图加强与中国的双边关系，可能不为华盛顿所乐见，"中国在埃及不断增长的投资可能会威胁美国在埃及的经济利益"。您如何看待这种说法？

西夏姆·宰迈提：在 1955 年，埃及总统纳赛尔与中国总理周恩来举行了历史性的会晤，埃及强调了对不结盟运动原则的承诺，那就是与所有人都为友，不与任何人为敌。

埃及位于非洲、亚洲和欧洲三大洲的十字路口，这一战略位置是我们制定外交政策的出发点。作为一个拥有 1 亿人口的国家，埃及在世界各地与每个国家都有多重利益往来。埃及是一个爱好和平的国家，是一个希望发展的国家，也是一个展望未来的国家。在地缘政治中保持平衡并不难，因为我们知道自己需要什么，我们的人民需要什么，我们需要的是发展。不幸的是，我们远远落后了，我们需要向前推进。

在这方面，中国是我们在寻求发展道路上最好的朋友。中国是全球经济强国，是联合国安理会常任理事国，也是上海合作组织和金砖国家等组织的主导力量。所以当中国提出"一带一路"倡议时，我们愿意与之共同努力。

埃及采取平衡的外交政策，这种平衡对于驾驭复杂的国际关系，确保对外交往有助于国家的发展和福祉至关重要。中埃两国平衡而明智的外交政策，使我们彼此很容易克服你刚才所提到的那些言论的负面影响。

知事：多年来，一些别有用心者渲染炒作"中国威胁论"，近来又诬称中国对其他国家和外资企业进行"经济胁迫"，以此来恐吓他人。但我们看到，本届"一带一路"国际合作高峰论坛，有 150 多个国家的代表来参会，注册总人数超过 1 万人，企业家大会还达成了 972 亿美元商业合同。为什么有这么多国家愿意来到中国参加"一带一路"国际合作高峰论坛？

西夏姆·宰迈提：我不喜欢"中国威胁"这种说法，因为不存在所谓的"经济胁迫"或所谓的"债务陷阱"，以及那些我们不时就会听到的说法。

在全球事务领域，一国强加于另一国的观念是站不住脚的。每个主权国家的政府都有权自主决定本国的行动方针，并对自己的决定负责。他们会认真考虑什么才是最符合本国人民利益的选择，他们只签署对自己有利的文件。因此没有必要随意指认一个"陷阱"，因为没有人落入陷阱，也没有人遭到强迫。

而且，当中国愿意提供优质高效且有助于发展进步的选项时，这些国家就会欣然接受，他们知道自己在选择什么，因为这就是他们拥有的最好选择。因此，指责中国没有意义，各国都有权利选择符合其利益的伙伴关系，有权利决定自己的行动，决定在哪里、与谁合作。

"一带一路"倡议是帮助发展中国家的积极力量。多年来，中国助力非洲的发展中国家升级基础设施和工业力量，许多被忽视了100多年的基础设施在中国的帮助下进入现代化。在这个领域，中国值得被感谢。

第三届"一带一路"国际合作高峰论坛取得了巨大成功，就是驳斥"威胁论"最有力的论证，有来自151个国家和41个国际组织的代表来华参会，如此多的参与者体现了全球商业运作方式的积极转变，这一成就是我们都应该感到高兴和自豪的。

确保世界范围的政治稳定至关重要

知事：2023年8月，埃及正式成为金砖大家庭成员，成员身份将于2024年1月1日生效。为什么有越来越多国家想加入金砖国家？以金砖国家为代表的新兴市场国家和发展中国家崛起，反映出国际格局怎样的变化?

西夏姆·宰迈提:金砖国家本身就是一个伟大的发明,它体现了合作和共享的潜力,表明通过共同努力可以取得成功,为"全球南方"国家带来了希望,吸引了众多寻求共同发展平台的国家。

因此,埃及一直努力加入金砖国家。在我们与中国共同的外交努力下,埃及成功地做到了,将于 2024 年 1 月 1 日正式成为金砖国家的一员。

金砖国家从最初的五个成员国不断扩大,为贸易、项目开发提供了更多机遇。展望未来,该组织还有进一步扩员的潜力,有更多国家将陆续加入,这对世界经济非常重要,确保了金砖国家将继续在塑造全球经济未来方面发挥关键作用。

发展中国家已经共同认识到,作为国家,我们需要合作以实现各自的发展愿望。以金砖国家为代表的"全球南方"的崛起正在改变世界格局,构建世界经济政治新秩序。我们合作的决心坚定不移,我们也拥有成功合作的必要手段。我们的集体目标是促进全球稳定,特别是在对发展至关重要的领域。

确保世界范围的政治稳定至关重要,因为它使我们能够获得共同发展进程所必需的资源,如能源、稀土、矿物等各种资源。当前中东的复杂局势凸显了促进世界稳定的重要性。对抗和制造不必要的问题,不是我们寻求的解决办法。

相反,我们应该把重点放在合作上——合作开展业务,分享胜利成果,为我们各自的人民取得实实在在的成果。这一合作理念是中埃以及其他发展中国家为世界作出积极贡献的关键所在。

中国不会上当

[英国] 罗思义 John Ross[*]

　　近日，英国外交发展大臣克莱弗利结束了访华之行。虽然访问时间只有一天，但行程满满。据新华社和外交部网站消息，2023 年 8 月 30 日，国家副主席韩正，中共中央政治局委员、外交部部长王毅，分别会见了克莱弗利。

　　英国外长时隔五年再次访华，中英关系"破冰"了吗？英国的对华政策为何多变？英国被曝摸底调查企业"敏感"投资，是否意味着将跟随美国在半导体等领域遏制中国发展？我们还能相信英国政府释放的善意信号吗？英国伦敦经济与商业政策署原署长、中国人民大学重阳金融研究院高级研究员罗思义（John Ross）就中英关系及"一带一路"倡议的影响等进行分享。

---

　　* 作者为英国伦敦经济与商业政策署原署长。本文 2023 年 9 月 4 日发表于中国人民大学重阳金融研究院联合"长安街知事"微信公众号推出的《全球治理大家谈》栏目。

英国是一个很好的反面教材

知事：近日，华为新机上市，时值美国商务部部长雷蒙多访华，引发的舆论热度居高不下，根源在于美国打着"国家安全"的幌子对华高科技领域的打压愈演愈烈。打压中国真的会让美国更"安全"吗？

罗思义：这完全是无稽之谈，和国家安全没有任何关系。美国为什么要禁止华为使用安卓系统？因为华为正成为世界上最大的手机制造商之一。美国的国家安全真的依赖手机上的安卓系统吗？这太可笑了。

美国对中国高科技领域的遏制，其实是打压中国经济增长的又一次尝试。过去四年，中国经济总量的增长速度是美国的 2.5 倍，人均经济增速是美国的 3 倍多，谁发展得快，谁就会成为美国的遏制目标。

美国现在面临的问题是，中国并不只有一家成功的科技公司，而是拥有众多行业内领先的企业，美国对中企施加限制的代价正变得越来越高，很难在不对自身造成重大伤害的情况下实施禁令。

以 TikTok 为例。此前，美国大肆宣传说中国缺乏创造力，只能组装别国的产品，不能发展出自己的品牌。然而，TikTok 已经成为世界上访问量最大的应用程序，大约有 1.2 亿美国人在手机上安装了它，而且美国有很多访问量巨大的应用程序都是中国的。

彭博社就曾指出，美国想要禁止一个 1.2 亿人都在使用的应用，可能会导致意想不到的损失。这也是为什么虽然美国对 TikTok 发出了禁用威胁，但到目前为止还没有采取大范围的行动。

美国的遏制是徒劳的。"吹灭别人的灯不会给自己带来光明"，如果把房间里每个人的灯都熄灭，整个情况就会变得更糟。

美国表面上是在试图削弱中国的发展，实际上全球多国都在连带受害，更讽刺的是，受到美国政策的恶劣影响最大的并不是中国，而是其盟友。

韩国、日本、荷兰都不得不配合美国，对中国这个最大的芯片市场进行封锁。英国由于盲目跟随美国的对华政策，中英经贸联系已经受到挑战，如果与中国的关系继续恶化，英国将面临灾难性的经济后果。

知事：谈到美国对中国高科技产业的围堵，其实英国也出现了相似的迹象。2023 年 8 月 21 日，"政客"新闻网披露称，英国政府对国内企业进行了一项大范围调查，以获取他们在 17 个"敏感"领域的对外投资情况。一位了解相关计划的商业代表称，英国商业贸易部官员说，英国将像拜登政府一样，限制半导体和人工智能等领域的对华投资。英国真的打算跟随美国在半导体等领域遏制中国发展吗？

罗思义：不幸的是，英国确实一直在政策方面密切追随美国，结果就是对本国经济造成了巨大的损害。在过去的四年里，英国人均 GDP 经历了微不足道的 0.1% 的增长，以及实际工资的下降。英国是一个很好的反面教材，告诉大家什么不该做。

实际上，英国的对华经济政策对中国的影响有限，因为英国有限的经济体量摆在那里，而这种政策对英国自身损害极大。

更不幸的是，我认为英国将继续遵循这一破坏性的政策。英国的决策层似乎致力于模仿美国作出的任何决定，即便以本国福祉为代价——英国脱欧就证明了这一点。

知事：过去八年里，英国的对华态度发生剧烈变化，从中国在欧洲的"最大支持者"变成"最激烈批评者之一"。自苏纳克担任英国首相以来，英国的对华政策一度变得更为强硬，但近期出现了反复。据悉，英国外交部要求政府官员停止在官方文件等内容中将中国等国称为"敌对国家"，报道称此举旨在"改善与中国的外交关系"。英国政府的对华政策为什么如此多变？中方能相信英国政府释放的善意信号吗？

罗思义：中国已经足够成熟，可以根据一个国家的行为而不是言语来做判断。英国的官方文件中对中国不使用"敌对"一词，对中英关系不会产生实质性影响，真正重要的是英国是否会改变自己的行动。

实际上，英国和中国之间的问题不是中国引起的，这也不单纯是中英关系的问题。之前一些中国朋友误以为英国脱欧之后会加强与中国的友谊，以为英国会拥有真正的独立政策、追求本国的发展，这都太天真了。

英国经济规模太小，又夹在美、欧两大经济体的夹缝之间，无法独当一面、自成一派，它要么是欧洲势力范围的一部分，要么是美国势力范围的一部分。英国脱欧的意义在于，英国决定不再是欧洲的那一部分，而是更多地成为美国的那一部分，那它必然会跟随美国的政策，从而采取不那么友华的立场。

考虑到糟糕的中英关系会有损英国经济，英国或会有一些表面上的战术转圜，但除非英国决定摆脱做美国的附庸，否则对中国的核心态度不会发生重大变化。

知事：英国外交大臣克莱弗利刚刚结束访华，您如何评价克莱弗利此行？

罗思义：正如我刚才所说，在语言上做些表面改变，或试图表现出追求独立政策的假象，对中国来说是站不住脚的。因此，在他访华之前我就预测，这次访问不会取得什么实质性的成果，也不会产生什么重大影响。

中国作为一个眼光长远的国家，评估一个国家的依据是行动，而不仅仅是言辞。除非英国愿意改变其政策，停止禁止华为的5G设备、停止干涉中国内政和香港事务、停止参与高科技领域的对华遏制等行动，否则外交大臣试图利用外交手段改变两国关系不会取得明显成果，中国也不会轻易被这种策略所左右。

知事：正如王毅在与克莱弗利会谈时指出的，"中英关系面临何去何从的战略选择"。中国人相信"行胜于言"，英方接下来会如何行动，我们拭目以待。

这是我有生以来听过的最荒谬的经济论点之一

知事：几年前，英国政界多次表达希望参与"一带一路"倡议的想法，当时英国驻华大使吴百纳曾表示，英国希望看到基于"一带一路"建设的中英经济合作和相互连通。英国为何尚未加入"一带一路"倡议？有哪些方面的考虑？

罗思义：自从这些声明发表以来，英国的经济政策已经发生了灾难性的转变。新冠疫情暴发后，英国总体GDP增长率每年仅为

0.1%，人均 GDP 增长率和平均增长率也是零，这表明 GDP 唯一的增长源自人口增长。这无疑是一个灾难性的经济表现，说明英国经济在多个领域都偏离了正轨。

七年前，在卡梅伦担任英国首相期间，他认识到两国在经济上的互补性，英中关系有过一段"黄金时期"。然而，在此后的时期，英国的经济和政策完全偏离了正轨，原因很简单——英国决定屈从于美国，我几乎为此感到惶恐。

英国之选择脱欧，主要受到美国重要人物的支持。例如，美国前总统特朗普希望英国脱欧以削弱欧盟。为了取悦美国，英国选择了脱欧，但美国却至今未向英国提供自由贸易协议，因为担心损及自身利益。

此外，英国还采取了强硬的反华立场，以迎合美国，这也是为什么英国与"一带一路"倡议保持距离，并且禁止华为参与本土 5G 网络建设，后者更是一场大灾难。这些决策使英国过度依赖美国，从而形成了一个恶性循环。

知事：美国污蔑中国"一带一路"倡议让沿线国家陷入"债务陷阱"，您认为"一带一路"是债务陷阱吗？

罗思义：这是我有生以来听过的最荒谬的经济论点之一。没有一家公司能够完全仅依靠现金流来为所有投资提供资金，大部分公司通过贷款来融资。投资带来的生产增长将产生高于借入资金利率的回报，这是全球每家大公司的常态运作方式。关键在于确保投资项目的回报率要高于所借资金的利息。

如果一家公司通过借款投资项目，最终回报却低于支付的利息，这是借款行为本身错误吗？不是，这是因为企业选择了不当的投资项目，是商业决策出现了偏差，而不是因为公司或银行进行了借款。因此，所谓的"中国制造的债务陷阱"观点绝对是站不住脚的。

此外，美国没有将这种逻辑应用到自身。它从未反对国际货币基金组织或世界银行提供贷款。它对自己的银行业又做了什么？美国的银行是否因为向他国提供贷款而被认为是不安全的？有人呼吁美国银行停止放贷吗？这太荒谬了。

我认为，"一带一路"倡议是目前世界上最重要的发展倡议，因为它符合世界范围内"全球南方"崛起的大趋势。中国希望参与"全球南方"，这是合理的选择，任何明智的实体都会寻求进入增长最迅猛的市场。

而且，"一带一路"倡议旨在实现互利共赢，中国从"全球南方"国家的快速经济增长中受益，而这些国家也从中国作为全球增长最快的主要经济体的角色中获益。这是一项共同发展的倡议，美国没有理由对此恶意揣摩和诋毁。

如果美国也能够采取更为理性的政策，将重心放在扩大与"全球南方"国家的贸易往来上，一样能获得经济增长的回报。但如果美国仍把注意力局限在增长缓慢的经济体，比如它的欧洲盟友，就难以取得亮眼的成果。

挑衅仍在继续

知事：路透社 2023 年 9 月 1 日披露，美国政府将在下周宣布向乌克兰提供贫铀弹，将成为继英国之后第二个向乌方输送这种"毒弹"的国家。您如何看待美英等国持续向乌克兰供武的行为？

罗思义：这不是一个明智的决定，只会使情况恶化。俄乌冲突的根源在于北约东扩，俄罗斯曾多次警告美国不要这么做，一旦北约扩大到东欧，就意味着越过了俄罗斯的红线，美国应该非常清楚这一点。

1962 年古巴导弹危机的前车之鉴还摆在眼前。以古巴到美国如此近的距离，美国在任何情况下都不会允许苏联在古巴部署这些导弹，即使引发核战争也在所不惜。

而基辅到莫斯科之间的距离只有哈瓦那和华盛顿之间距离的一半。如果美国当年坚持不许苏联在古巴部署导弹的原因是距离自己太近了，那它就应该明白俄罗斯在北约东扩问题上的立场。这完全是对俄罗斯的挑衅，这就是战争的起因。

此外，美国还支持对东乌克兰讲俄语人口的权利的侵犯。这个群体占全乌克兰人口的约 25%，乌克兰甚至禁止他们使用俄语作为官方语言。如果同样的情况发生在加拿大，突然禁止部分人口使用法语，毫无疑问魁北克会立刻投票支持该地区独立。

西方应该采纳中国的建议，立刻停火，并解决诸如乌克兰是否加入北约等相关问题。但美国似乎并没有朝这个方向发展，这种继续向乌克兰供应武器的政策就是挑衅的继续。

知事：欧洲的经济受俄乌冲突的影响有多大？

罗思义：要理解这一点，必须从更广泛的欧洲形势入手。地理意义上的欧洲也包括俄罗斯，由于俄罗斯拥有巨大的国土面积和人口，它助力欧洲形成了平衡的经济体系，即西欧有高度集中的制造业，东欧有丰富的原材料。当东欧和西欧关系良好时，欧洲经济就会发展得很好。

但美国不喜欢这样，出于它自己的发展诉求，它想在东西欧之间打入楔子，制造隔阂，这给欧洲造成了实质性的伤害。

这类似于得克萨斯州和美国其他地区之间的划分。如果你把得克萨斯州赶出美国，就相当于把美国最大的石油和主要原材料供应商赶出了美国，这对美国经济是一个巨大的损害。美国分裂东西欧的政策也给欧洲经济造成了结构性损伤。

事实证明，欧洲的发展模式是灾难性的，欧洲正在经历政治制度的统一、军事联盟的枷锁和经济灾难。在过去四年里，欧洲经济几乎没有增长，俄乌冲突爆发后就更不用说了，欧洲的经济状况雪上加霜。

相比之下，亚洲存在着另一种已被证明有效的模式。在东亚，各种各样的政治体制可以并存，没有人想在东亚推动政体统一或试图建立如北约一般的军事集团。尽管东亚也经历过第二次世界大战、冷战时期的多次大战，但该地区已经从冲突走向和平，成为世界上经济发展最快的地区。

因此，除非欧洲采取措施摆脱美国的影响，否则情况不太可能有明显改善。

中美之间没有进入"新冷战"

［美国］赵穗生*

中美之间能够找到和平相处之道

现在大家对国际形势都很悲观，悲观的原因是很不稳定，很不确定，很多"陷阱"，很不和谐。背后很重要的现象是什么呢？就是我们重新回到了大国竞争的时代，在某种程度上回到了19世纪，或20世纪初大国竞争势力范围甚至"新冷战"的世界关系格局。中美俄三方"大三角"，多边的"两超多强"或者各种各样的格局，最终决定世界未来的是中美关系。至少在我看来，这个世界未来的格局是和平、发展还是战争，或者更多的危机，是中美能否解决两国之间的矛盾、能不能找到和平共处之道所决定的。

我们这批人是中美关系发展的受益者，所以很希望看到中美能够

---

* 作者为美国丹佛大学国际关系学院教授、美中合作中心执行主任、《当代中国研究》期刊主编。本文为作者2023年10月19日在"全球发展与未来：中美俄三国学者对话"——人大重阳全球治理论坛（2023年秋季）上的发言。

继续接触，合作发展。但是目前中美关系已经进入建交以来或尼克松访华 50 年以来的最低点。

中美关系曾经是"周期性的循环"，下行的原因主要是由于某个突发性的事件，如撞机事件、李登辉访美这种突发事件或者美国总统选举周期。新总统在选举时批评前任总统，认为前任总统对中国软弱，上台之后将更加强硬，但上台后很快意识到中国对美国经济战略的重要性，就转变了过来。然而，中美关系从特朗普上台以来一直是走下坡路。我自己用一个词叫"Long Crisis"（长危机）来描述当前的中美关系。长危机不是突发性的事件造成的，也不是美国总统选举造成的。美国最近三任总统在对华政策上几乎是一致的——中国是美国的竞争对手，甚至是敌人。所以，美国政策对中国维持强硬。

2023 年 6 月以来，情况在某种程度上有所改变，美国四个内阁级的政府部长到中国访问，结果如何呢？很多人觉得有希望。

沟通和理解是不是能够化解危机？我的回答是"不"。很多人说中美之间的问题很多是由于误解造成的，我说刚好相反，中国和美国之间太了解对方。这 50 年交往，大家都了解对方的底线在什么地方，所以各个方面都不愿意作出妥协，因为妥协得不到什么东西。红线非常清楚，这种不愿意妥协很重要的原因是，双方都有自己的底线，而且底线在很大程度上是完全不可妥协的，比如意识形态冲突、权力格局的变化。这样一种全球力量对比、格局的变化，中美两个大国都有自己的追求，某种程度上很难作出妥协。既然难作出妥协，现在这种大国竞争的结果就是非常危险的。

长危机绝不是冷战，现在中美之间并没有进入"新冷战"。很多美国学者认为，中美之间正在进入"新冷战"，但他们谈的是一种中美"竞争状态"，并不是一种冷战战略。因为现在这个世界并没有形成两个意识形态和地缘政治的阵营。

我认为，中美之间完全能够找到和平相处之道。目前，意识形态、地缘政治某种程度上无法妥协。我们应该聚焦未来人类共同面临的问题：气候变化、跨国犯罪、核武器、疾病防治。

中美合作可解决世界很多问题

在很大程度上，如果中美之间继续冲突，发展下去，那世界的各种热点、各种冲突这些问题就没有人来管了。美国前国务卿希拉里说过一句话我很同意：中美合作不能够解决世界上所有的问题，但如果中美不合作，世界上很多问题都解决不了。

所谓第三次世界大战，我觉得不会发生。中美卷入世界大战是什么概念？很快会升级为核战争。核战争是没有胜利者的，我们所有人都是失败者，就会回到所谓的新石器时代。这种事情是绝对不应该发生的，也不能发生。我认为中美两国领导人在这个问题上还是有共识的，还是很清楚的。

"气球事件"过去了以后，美国又向中国伸出橄榄枝，还是要恢复布林肯访华计划。冷战时期，美国和苏联有那么多热点冲突，包括古巴危机，但仍保持了热线沟通和联系，防止了误判。所以，拜登总统绝对不想成为和中国打仗的总统。所以，他要建立什么呢？"护栏"。中美不应该有一战。

中美之间有很多问题，包括传统安全和非传统安全问题。很多这样的问题，可以就事论事来解决。大家应该把争议暂时放在一边，找到共同问题，这不是要钱还是要命的问题。

任何冲突都必须有所让步

[俄罗斯] 基里尔·巴巴耶夫 Kirill Babaev[*]

三大趋势正影响着全球格局的变化

今天所有人都在说世界正快速发生变化。我认为，这种变化包含着三个主要趋势。这三个趋势不仅正在改变我们现在所有的国际关系，也同时为新的国际关系秩序形成奠定基础。那么是哪三个趋势呢？

首先，当今世界许多国家拒绝展开对话与协商，冲突在世界各地频发。我知道每个人都不想要这样的冲突，也非常期望我们可以进行一些沟通与合作，然而现实情况是，很多国家拒绝开展沟通与合作。

第二个趋势，现在全世界已经不知道明年将会发生什么样的事情。对于中国而言，情况更是如此。在中国，所有的事情都在发生

---

  * 作者为俄罗斯科学院中国与现代亚洲研究所所长、《俄罗斯的中国学》期刊编委会主席。本文为作者 2023 年 10 月 19 日在"全球发展与未来：中美俄三国学者对话"——人大重阳全球治理论坛（2023 年秋季）上的发言。

巨大的变化。今天的我们难以想象 200 年前的中国曾是一番怎样的光景。不管是在美国还是俄罗斯，或是欧洲，人们都难以预测中国之后将会变成怎样。在我看来，西方国家其实并不了解中国的现实状况，更不了解中国的政治决策。西方国家永远只关心明天，并不关心 20—30 年之后的情况，因为西方国家的政客永远都被媒体所裹挟，由推特等社交媒体来决定自己的政策。所以，他们并不能够理智地作出判断，作出正确的战略规划。他们今天这样的模式肯定会输给中国的模式。我认为，这是非常重要的趋势，同时也是非常危险的。因为如果一个国家已经停止了战略思考，那么这将置该国于险境。

第三个趋势，我们都知道，是现在一些大国自以为可以用强权政治控制他国，可以为所欲为，可以通过制造与参与冲突来达成自己的目的，这是非常危险的。

上述三个危险的趋势正影响着全球格局的变化。在可预见的一段时间，俄罗斯、中国和美国将会是领导世界的主要力量。

美国目的非常明显

我们知道，每个国家都有自己的战略规划与利益需求。当然我们也知道，有些国家现在其实非常脆弱，比如美国。美国现在正通过一切力量去维护自己已有的领导地位，毕竟对任何国家而言，要交出领导全球的"国王宝座"都是非常艰难的。但是，美国面临的现实情形已非常危险。美国的领导地位正不断丧失，包括在财政、经济，还有政治领域。

美国是罗马帝国的崇拜者，他们永远都在寻求罗马帝国式的全球霸权，也想要成为全球文化的领导者。但正如普京总统此前所言，我们从没有看到全球形成过这样的格局。

俄罗斯现在是全球反西方国家的中心。俄罗斯人认为，西方的所有一切都是坏的。俄罗斯在指责西方国家的同时，还认为俄罗斯对于全世界来说都是具有吸引力的。俄罗斯想要保护全球的传统价值观，包括性别观、性别定义等。俄罗斯人经常会说，俄罗斯正在保护这些传统的人类价值观，而西方正在颠覆这样的传统人类价值观。

美国的目的非常明显，美国试图通过控制海洋来围堵中国和俄罗斯。为此，美国正尝试建立一条岛链，韩国、日本及澳大利亚都是此战略规划的一部分，从印度直到整个亚太地区都是美国的战略范围。围堵中国和俄罗斯，就是美国的利益所在。

任何冲突都必须有所让步

最后一个问题，世界未来将会怎样？中美俄三个国家有什么具体的发展路径呢？我们都知道，中美俄三国有着不同的价值观，而这些价值观不存在任何彼此让步的空间。一些专家常说，中国应该与美国交往，建立良好的中美关系。中国毫无疑问可以同美国友好来往，但中国也应该看到，美国现在其实并不想和中国有更进一步的交往。在这种情况下，中俄继续深化彼此间的关系将是很好的一条出路。

此外，我们也看到新型的国际关系正在不断形成。众所周知，新型国际关系的每次形成都伴随着战争。如第一次世界大战、第二次世界大战，在这些战争中形成了新的国际关系。所以，我们要尽量避免这种情况的发生，谋求通过对话的方式建立新的国际关系格局，这是中美俄三个国家最重要的任务。不管怎样，任何冲突都必须有所让步，只有让步才能够解决冲突。

世界的未来是难以预判的，今天的世界尤其如此。当下世界格局正遭到破坏，一年之后不知道会发生什么。正如五年前，我们难以想象会出现诸如新冠疫情、俄乌冲突等问题。但现实是问题已摆在我们面前，这些问题的出现不是偶然的，是长时间酝酿的。中美关系、中俄关系、美俄关系的演变对所有出现的问题都有着推进作用，外交官和民众也都在不断地影响世界格局发生变化。所以，我非常担心现在的世界局势将会演变为第三次世界大战，我们非常希望能够通过对话的方式解决这些冲突、对抗与对战。

美国现在向乌克兰提供了大量的武器。美国现在对乌克兰提供的军事援助将影响到莫斯科，或者波及圣彼得堡的安全，甚至可能进一步引爆俄罗斯和北约间的战争。俄罗斯现在和未来想要做的，就是尽一切努力避免这类战争的发生。在未来，美国可能会继续向乌克兰供应武器，我认为这是非常不正确的。

有学者曾提出力量平衡的观点。在中国也有"鼎"这样的器皿体现着三方力量平衡的哲学。如同鼎一样，在当今世界范围内的平衡也是由三方决定：中国、俄罗斯和美国。中美俄都有着自己的利益追求，有自己的价值观，有自己面临的挑战。我认为，在这个三角关系中，离开三方彼此间的对话，失去三方的共同参与，这样的平衡是不可能实现的。所以，我们可以看到，当普京总统和习近平主席走进人民大会堂，参加第三届"一带一路"国际合作高峰论坛开幕式时，在欢迎其他国家的领导人时，如果美国领导人也在其中的话，那么这个世界的平衡是可以实现的。

第五章

全球治理体系变革，全世界都在看中国

中国模式让世界避免了一场冷战

全球发展倡议应成为我们共同努力的方向

实现可持续发展，要破解贫困问题

全球发展需取代有害的美元体系

中国模式让世界避免了一场冷战

[波兰] 格泽高滋·科勒德克 Grzegorz W. Kolodko [*]

我知道政治的重要性以及应对政治挑战的重要性。波兰有四千万人口，政治问题对我们来说非常重要。作为中东欧地区的一个重要经济体，我们也是欧盟的新成员国之一，同时也处于东西方之间的重要位置。

"新时代"到底意味着什么呢？新时代意味着与以往不同。目前，扩展商务面临一些阻力，这些进程正在塑造我们的未来。今天，我将与大家分享塑造新时代全球未来的七大趋势。其中一些趋势是积极正面的，但大部分趋势是负面的，会让商业政策合作在这个新时代变得更加困难。

趋势一：积极正面的大趋势会对商务产生很大的影响，包括贸易、知识增长、直接投资和人才交流。此外，数字化方面的进步，如

---

* 作者为波兰前副总理兼财政部部长，波兰华沙科斯明斯基大学转型、一体化和全球化经济研究中心主任。本文为作者 2023 年 12 月 6—8 日在"第三届中国（义乌）'一带一路'城市国际论坛 2023"上的发言。

自动化、数字化和新智能的发展，也将起到重要作用。中国目前正处于这一领域的风口浪尖，预计在科技和就业方面将取得平衡。

趋势二：全球范围内的人口变化。我们可以看到社会老龄化和生育率下降的现象。例如，在韩国，生育率仅为0.79%，而在尼日尔则高达6.8%。有些问题不仅存在于发达国家，也在欠发达国家普遍存在，如营养不良危机、饥饿和军事冲突等。此外，移民问题也是一个重要的议题。北美和欧洲已经面临人口老龄化的挑战。日本的预期寿命已达到85岁，而非洲的平均人口寿命仅为52岁。这些人口变化也对经济产生了影响，尤其是一些国家面临劳动力过剩的问题，而另一些国家，包括中国、波兰和大部分欧洲、欧盟国家人口是短缺的，所以劳动力也是未来一个重要的问题。

趋势三：可再生能源和现有能源的枯竭将会对我们的未来产生影响，包括经济和人类共同体的未来。同时，气候变化也带来了重大的挑战。例如，第二十八届联合国气候变化大会在迪拜举行，全球政府首脑（包括中国）齐聚一堂，面对气候变化的挑战，大家都意识到如果没有中国的参与，我们无法成功应对。全球各方都期待中国能发表明确的立场。中国提出的"一带一路"倡议充分表明了中国支持各国绿色转型的决心。我们可以看到中国在东南亚、非洲、中东和东欧等地的直接投资涉及绿色技术、绿色科技以及能源转型，如风电厂、电动汽车、太阳能板等。中国在这些领域处于领先地位。

趋势四：还有一些超级趋势与全球进程存在关联，其中既包含一些负面因素，也涉及一些危机情况，其中之一是自由主义趋势的抬头。虽然其名称和手段并不完全相同，但它涉及的经济政策，如财政制度和完全自由放任的经济发展，可能会加剧不平等现象，同时也会降低社会的包容性。这意味着并非所有人都能够充分享受到经济发展所带来的成果，因为自由放任的经济往往导致经济权利越来越集中。然而，这个名词本身并不能完全解释这个经济学概念的失败。

趋势五：在欧洲的一些国家——甚至一些发达的欧洲国家，如意大利——以及西欧和美国的一些地区，存在着民粹主义问题，其明显表现是将他人视为敌人而非朋友。这些民粹主义的鼓吹者和政治投机者严重影响了国际格局的稳定和包容性，且对新时代的国际贸易和自由流动产生了非常负面的影响。

趋势六：西方意识形态中自由民主极端化的重大危机对中国产生了重要影响。这一危机在一些地方导致了社会的巨大分裂和分歧，比如在西班牙、波兰以及一些更大的地区（如美国和英国的某些地区）。看起来，这些地方似乎无法就一个共同的未来展开讨论，除了朝着同一个方向前进之外，他们似乎无法找到共识和共同立场。各种思想的分化导致了无法形成合力，政客和政治制度也因此变得无效，难以作出有效的决策和行动。中国可以从中借鉴解决这些问题的方案。例如，"一带一路"倡议是应对所谓的"第二次冷战"（我创造了"第二次冷战"这个词）的一个重要合作呼吁，当前中美关系的紧张对于包容性的全球化构成了巨大挑战。同时，俄乌冲突也对中国产生了多方面的影响。

趋势七：第七大超级趋势是全球化。作为一名经济学家，我认为全球化是一个不可逆转的过程。它是一个自发的、各方参与的进程，随着技术的发展，世界各国和地区之间的联系越来越紧密。义乌是一个很好的例证，这里可以找到来自全球的红酒，并且也能见证全球小商品贸易的繁荣。

中国人民、中国政府领导人、中国商业领袖和中国学者提出了一种双赢、共赢的模式，这是完全正确的。如果没有这种模式，由于意识形态的独立和利益的冲突，中美之间将不可避免地发生冷战。我希望高层之间能开展更多对话，就像最近在旧金山的"习拜会"中，两国首脑进行了重要交流。两个全球最重要的经济体和大国能够共同面对分歧并解决问题，将推动全球化更好、更健康地发展。否则，全球化将遇到更大的阻力，新时代的可持续货物流动、人才流动和观点交流将受到阻碍。

总体而言，作为一个知识分子、政策制定者和大学教授，我对此持乐观态度。中国人民大学和常青藤学院有一些合作项目，这些具体项目显示出了一些乐观的趋势。然而，考虑到这七大超级趋势，我们需要找到一个良好的解决方案。重要的是不仅要考虑我们能做什么，还要考虑我们应该做什么。无论是机构、政府首脑还是多边决策者，只有大家携手合作，才有机会解决这些问题。然而，有可能性并不意味着我们已经完全解决了问题或将其付诸实践。许多人目前感到困惑或犹豫不决，正是因为利益冲突和观点不同，如第二十八届联合国气候变化大会无法达成共识和取得进展。

作为一位社会学者、前副总理和经济学家，我在这个重要的论坛上想传达一个重要的信息。在这个新时代，全球化的趋势是不可逆转的，因此我们需要新的经济节奏和合作机制，以实现经济和生态并行发展，实现社会、环境和经济效益的平衡和改善。这些领域都是必须发展的，同时，文化层面也是重要的软实力保证。在今天的义乌论坛中，我们听到了许多积极的讨论，也希望在我们的讨论过程中能够更多地探索有效的方法和思路，确保我们朝着更加开放和合作的正确方向努力。

全球发展倡议应成为我们
共同努力的方向

[英国] 文斯·凯布尔 Vince Cable [*]

我首次访华是在担任英国联合政府大臣期间，当时是英中关系的
"黄金时代"。两国关系随后恶化，但现在有迹象表明，两国将恢复更
具建设性的接触往来。

我们可以从两个方面看待全球发展倡议：它与中国的关系以及它
与围绕发展的政策辩论的关系。关于前者，我们正在从一个由美国主
导的霸权全球秩序过渡到一个多极世界。为了避免这个新世界陷入无
序状态，需要制定一套达成共识的原则，改革而不是摧毁现有秩序，
并容纳新兴大国。全球发展倡议（GDI）与全球安全倡议（GSI）和
全球文明倡议（GCI）相结合，并以"一带一路"倡议为基础，是中
国在尝试阐明自己日渐扩大的影响力对世界来说意味着什么。

在新兴秩序下，我们必须意识到"全球南方"日益增长的经济分

---

* 作者为英国前商务大臣。本文为作者 2023 年 11 月 18 日在首届"通州·全球发展论
坛"上的发言。

量和需求，其当务之急仍然是饥饿、贫困和疾病所带来的挑战。

在实现全球发展目标（GDGs）上的过往成就已经因新冠疫情、气候变化、地区冲突以及食品与能源价格上涨和借款成本上升而功亏一篑。

据联合国全球发展报告估计，在全球发展目标（2016—2030）议程过半时，169 个具体目标中只有 15% 有望实现。在疫情中，极端贫困人口增加了 7500 万—9500 万人次，抵消了我们之前所取得的成果。在初等教育、安全饮用水和疟疾预防方面也是类似的情况。粮食安全状况恶化，2 亿人面临严重饥饿。

世界银行估计，在三分之一的低收入国家中，2024 年人均收入将比 2019 年的水平低平均 6%。在"一切照旧"的情况下，我们最多只能预期在减少极端贫困和营养不良方面取得有限进展。如果出现新的冲击，没有一定承受力的国家情况可能更糟。这很重要，因为经济发展是安全、稳定与和平的基础。

全球发展倡议启动的一个假设就是"一切照旧"的模式不够理想；通过强调可持续发展目标（SDGs），全球发展倡议也反映最贫困国家的发展优先事项。全球发展倡议还强调优惠融资。低收入发展中国家迄今主要依赖高收入经合组织国家提供的优惠贷款或援助。可持续发展目标设想，捐助国要以政府开发援助（ODA）形式，提供占该国国内生产总值 0.7% 的捐款。事实上，2022 年的实际水平是国内生产总值的 0.36%，远远低于捐助国承诺。一些主要捐助国大幅削减了援助预算。

作为一个中等收入国家，中国以往并不是一个主要的捐助国。但中国显著的经济进步意味着它现在接近人均收入的"高收入"门槛，并将很快超过这个门槛。中方愿通过国际发展合作署为发展中国家目标提供优惠资金，这将受到欢迎。在全球发展倡议下，中国已经宣布了用于此目的的专项基金。在本次会议上，我希望能更多地了解这些基金的预期规模、条款和优先事项。

这种对为低收入国家提供优惠融资和对全球发展目标的重视，尤其受到欢迎，因为当下债务偿还危机主要是商业或接近商业利率的大量贷款激增导致的。大部分信贷来自新的金融来源：在资本市场发行债券或从中国和其他新兴经济体获得贷款。据某些估计，中国已经借出了 1 万亿美元，主要用于基础设施项目贷款，但也包括"救助"融资。从 2010 年开始的 10 年里，中国的贷款与世界银行一起，成为长期发展贷款的支柱。

在如今全球经济增长缓慢的情况下，借款国面临着严重的债务偿还问题。联合国估计，有 50—55 个国家在管理债务方面需要紧急援助（2018 年为 31 个，2015 年为 22 个）。世界银行的分析表明，10—12 个国家处于极度困境状态，几乎全部位于撒哈拉以南的非洲，另有 25 个国家面临高风险，同等数量的国家面临中等风险。

挑战是提供债务减免，这样就不会为了偿还债权人而牺牲基本需求。然而，旧的债务减免机制，比如由西方官方贷款机构组成的巴黎俱乐部，已不再有效。2000—2021 年间，低收入和低中等收入国家欠私人债权人的公共债务份额从 10% 上升到 50%，欠中国的份额从 1% 上升到 15%。巴黎俱乐部债权人的份额从 55% 下降到 18%。

面对严重债务困扰，第一步就是在 2020—2021 年的新冠疫情期间，通过 G20 达成了债务支付停滞协议。中国参与其中，并取消了17 个国家 23 笔贷款的未偿余额。继续提供债务减免至关重要，尤其是对低收入国家而言，但这并不简单，因为在中国，减免必须与银行债权人的金融稳定相协调。

气候变化是全球发展倡议的另一个重要组成部分。最近，发达国家与发展中国家之间关于设立一个"损失与损害基金"以帮助最脆弱和最贫困国家的谈判并不顺利。富裕国家政府承诺每年提供 1000 亿美元用于气候适应和低碳能源，但实际提供的资金远远不及其所承诺的。联合国环境规划署估计，每年的需求是目前可用资金的十倍以上。中国可以利用其在太阳能、风能、电动汽车等领域的技术领先地位，通过全球发展倡议作出积极贡献。

在气候资金和发展金融等方面，多边机构如国际货币基金组织、世界银行和区域开发银行的作用很关键，它们是发展资金和专业知识的重要来源。但是，这些机构的投票结构严重偏颇，反映的是几十年前这些机构成立时各国的经济实力。

按购买力平价汇率计算，中国占全球 GDP 的比重约为 18.5%，但在国际货币基金组织和世界银行的投票权分别为 6.1% 和 5.6%。其他亚洲和非洲经济体也面临类似的不利情况。尤其是一些欧洲国家，它们的代表比例过高，将不得不通过改革放弃一些投票权。

中国已与多边机构合作（通过对特定基金的捐款翻两番以换取比例控制），中国持有大量股份的亚洲基础设施投资银行也与世界银行展开密切合作。然而，目前很少迹象表明现有投票结构的受益者愿意接受其份额的稀释。

　　尽管存在这些障碍，中国仍有机会与其他国家合作应对共同的全球挑战，那就是许多低收入国家所面临的发展危机。这个领域存在一个可以实现双赢合作的机会，也是与国家安全等敏感问题基本分开的。全球发展倡议应该成为我们共同努力的方向。

实现可持续发展，要破解贫困问题

［巴基斯坦］夏泽翰 Prof. Shahbaz Khan[*]

　　2015 年联合国提出 2030 全球可持续发展议程，自那时以来，我们呼吁关注消除贫困和保护地球。2030 议程过半，我们也看到了在实现可持续发展目标过程中遇到的诸多挑战。我的专业背景主要是水资源管理，从联合国教科文组织角度来说，我们倡议教育、科学、文化等相关的事项。所以我将从联合国教科文组织的角度和大家分享一下我们的看法。

　　我们知道，现在已经设定了联合国可持续发展目标（SDGs），为了实现这些目标，我们应该做些什么？我们如何实现可持续发展？我们可以采取什么样的补救措施？我们如何来推动转型变化？这些议题在当下比以往任何时候都更加重要。我们现在看到全球已经达成了《巴黎协定》《生物多样性公约》，取得了相应的进展，所有这些都需要结合在一起推进。所有这些工作如何结合在一起？尤其是目前全球

＊　作者为联合国教科文组织驻华代表处代表。本文为作者 2023 年 11 月 18 日在首届"通州·全球发展论坛"上的发言。

面临一些地缘政治的风险，我们如何更好地推进低碳技术的发展？像太阳能、风能等，推动这样一些技术发展，仍然有相应的挑战。

在这里我想和大家分享一些数据。在疫情之前我们了解到，近57%的儿童有学习方面的问题，但是在疫情之后，这一比例上升到70%，也就是说，现在有更多的孩子不能阅读，也不能书写。因此，这个挑战是比以往更大的。

同时，生物多样性的损失也变得越来越严重。我是一名科学家，2019、2020年时，澳大利亚出现了大规模的森林火灾，我当时在印度尼西亚工作，专程从印度尼西亚赶到澳大利亚。如果我们把这些数据放到大背景来看，现在有大批人口因为这些原因而需要背井离乡。从生物多样性角度来说，我们现在已经有150种物种消失了，这也是在蒙特利尔所达成的《生物多样性公约》当中所提到的。我们需要保护30%的土地，保护我们内陆的水资源，我们需要采取更多的行动，确保所有这些目标能够得到实现，包括减贫目标、教育目标以及水资源保护目标、环境保护目标，保护就业，我们也需要降低社会中的不平等，等等。

与此同时，现在世界有些地方发展得非常快，如人工智能技术发展得非常迅速。而我们要关注那些落在后面的人群，比如，我们如何关注数字鸿沟这个议题？在这些方面我们也需要加大关注。

我来自巴基斯坦。巴基斯坦还面临很多问题，包括贫困问题、教育问题、失业问题，尤其是对于年轻人。这和中巴经济走廊，和中国的"一带一路"倡议也是相关的，这些倡议如何更好地帮助巴基斯坦？这些方面也有相应的挑战。在环境问题、教育问题上我们如何进一步推进？这些问题都是相互关联的，这也使得解决问题变得越来越困难，越来越复杂。

因此，我们需要采取一个系统的方法，需要把贫困问题与教育联系在一起，与水资源联系在一起，与环境联系在一起。如果我们实现了其中一些目标，而其他的目标落在后面的话，我们将无法取得进展，这也是对联合国体系来说整体面临的一个挑战。我们需要推进所有这些议题方面的进展，包括进一步改进治理，推动经济发展，推动融资、技术，采取行动以及扩大我们的行动规模。我们要思考有什么样的替代选择，以及我们可以采取什么样的战略方向，如何更好地互动、沟通、协调、谈判。所以我们需要考虑多方面的利益相关方，包括政府、普通民众，如何让像中国人民大学这样的学术界智库机构参与进来，这些都是挑战。相信在这次论坛当中也会探讨这样的一些议题，以及如何使年轻人采取正确的行动，等等。

还有一方面非常重要，那就是残障人士。世界范围内，这个数目非常大。我们如何照顾到他们的利益，使得发展的效益能够惠及所有人？在联合国教科文组织，我们的核心使命是推动文化、科学和教育，我觉得这项工作比以往任何时候都更重要。在联合国驻中国系统，我们也设置了针对残障人士的工作组。

虽然全球发展面临着各种各样的问题，我们仍然取得了一些积极的进展。其中之一是联合国教科文组织在推进女童和女性方面的一些工作。2023 年 9 月，中国国家主席习近平夫人、联合国教科文组织促进女童和妇女教育特使彭丽媛，在北京同联合国教科文组织总干事阿祖莱共同出席 2023 年联合国教科文组织女童和妇女教育奖颁奖仪式。彭丽媛在致辞中表示，中国同联合国教科文组织密切合作，特别是设立女童和妇女教育奖，为全球女童和妇女教育发展树立了榜样，提供了宝贵经验，发挥了示范作用。女童和妇女教育奖是联合国教科文组织在促进女童和妇女教育领域的唯一奖项，2023 年中国"春蕾计划"和巴基斯坦"星星学校计划"获奖。

此外，我们也和中国政府一道，推动进一步提高人们的受教育程度。我们设立了"联合国教科文组织孔子教育奖"，同时也在推进非洲、拉美的一些国家更好地落实计划来提高当地学生的读写能力。此外，我们也和大学合作，设置教席，如我们和中国人民大学的合作，这些也是非常重要的合作。

同时，联合国教科文组织进一步推进在阿富汗的女童和女性享有受教育的权利。大家可能也会关注其他一些国家，在有些国家现在开展工作确实非常艰难。中国在推进高质量的教育，现在中国有 400 多万名学生，来自 56 个民族，他们在享受教育。在"一带一路"倡议之下，我们也有一些这方面的倡议，使更多的年轻人关注世界遗产方面的工作。习近平主席非常支持联合国教科文组织在中国的工作。我想强调的是，我要感谢中国政府在这方面所发挥的领导作用，以及发出了非常清晰的信号，即中国要进一步加强对于生物多样性保护的教育，加强对于文化遗产的教育，这方面也有相应的资源和技术援助类项目。本着"一带一路"、和平发展、开放包容等精神，我们希望能够更多地推进这方面的工作。

我们现在在学术领域也有一些非常好的项目，如教科文组织和中国人民大学等在研究文化遗产法等。除此之外，我们还有一些项目，包括在深圳等地开展职业教育。我们也在关注如何将基于 ICT 的教育带到中国，如我们在非洲、亚洲地区都有这样的项目。联合国教科文组织在北京的办公室现在在开展一些农村教育项目，我们也想看看如何和其他国家一起合作，来更好地推动教育，更好地分享知识。我们知道，中国已经有 8 亿人摆脱贫困，我觉得这里面有一些非常好的例子。通过联合国教科文组织和学术界加强合作，我们可以加强技术发展，从而更好地推动国家的发展。在世界遗产保护方面，我们需要将大数据和人工智能结合在一起，进一步推动发展。数字化是非常有趣的话题，教科文组织在柬埔寨有非常重要的项目，运用大数据来保护世界文化遗产。同时，我们也在和长沙合作，将会把世界各地的年轻人聚集到一起。2023 年 11 月 24 日，我们将和南京市政府共同举办"长江文化论坛"，共话世界大河文化的共同发展。中国有五千多年的历史，我看到本次论坛有一个平行论坛是关于大运河的。运河两千多年的历史连接了古今，也促进了中国的团结。作为世界遗产，我们有大运河，巴基斯坦也有一些世界遗产，还有其他地方的一些世界遗产。我们要思考如何聚集在一起，共同推动生态文明发展，为城市带来一些新的机会。我觉得在这些方面，我们都需要开展对话，加强彼此的理解，而且也需要更多的利益相关方参与进来。

我们希望通过教育、文化、科技实现和平，减少社会的不平等，不同文明之间互学互鉴。我们希望能够实现一个和平和可持续的未来，没有战争，每个人都能够享受教育，每个人都能够有充足的食物，能够享受水安全，让我们一起期待这一天的到来。

全球发展需取代有害的美元体系

［加拿大］拉迪卡·德赛 Radhika Desai[*]

我多年以来一直在研究世界货币的双赢合作，关于美元货币系统如何进行转型，解决它当前功能缺失的问题，同时解析一些大家的误解，也写了很多的书。在 2013 年出版了图书《地缘政治经济》，还有一本是我和同事、朋友迈克尔·赫德森共同撰写的《超越美元信用体系：地缘政治经济》。

首先，在国际货币制度方面，早就应该取代当前非常有害的美元体系，探索出一条未来全球发展合作共赢的道路。我们面临着巨大的任务——如何满足世界大多数人民和民族的需要。国际政治经济是密切相关的，并对发展前景产生重要影响，我们一定要找到替代美元体系发展的方案。当然，今天大家都在谈替代方案，美元体系的矛盾越来越多。我们可以看到新的发展银行、新的多边体系、新的以中国为中心的银行（如亚洲开发银行）、印度尼西亚人民银行（BRI）和一

---

* 作者为加拿大曼尼托巴大学政治学教授、地缘政治经济研究小组联合主任。本文为作者在首届"通州·全球发展论坛"上的发言。

些双边安排，以及用 SWIPT 协议取代现有的体系、数字货币等。所有的政策、组织、体系都在积极地发展，背后的原因就是美元体系已经对世界经济发展造成危害，尤其是对俄罗斯经济的冲击。俄罗斯是一个大的核国家，是联合国常任理事国之一。我们需要看到，美元体系已经出现很多大问题，这些大问题中又包含了很多小问题。最近几十年我们看到通货膨胀并不是特别高。一方面是美国投机的行为，另一方面是因为美国不再逼迫世界向美国提供便宜的服务和产品。

美元体系和美国联邦体系面临两难的境地，它不能够解决通货膨胀的问题，它要提高利率，但这样做会造成其他问题，所以它必须要选择到底是维持货币体系的稳定还是财务体系的稳定。这会导致美元本身价值下降，它会使美国经济变得更加脆弱。美联储并不擅长解决通货膨胀问题，因为它需要国家的干预，而这并不是美国所擅长的，同时这也不是美国资本主义经济的特点。当前美债上升，债务顶点带来了很多的问题，如赤字问题，而赤字问题会传播影响到全世界各个国家。世界上其他国家在购买美债，当前美国面临着很大的经济困难，大家都在想其他的方案替代美元体系。我们要持续关注一些经济、生态方面的可持续增长，另外要强调发展能促进全球经济的增长，同时我们也要接受一点，发展的同时并不能满足所有国家的利益。所以需要预防一些错误的经济思想，这需要在美元体系当中进一步讨论。

美元体系建立在最强大的资本主义货币基础之上，它的基础假设是错误的。我们可以看到，它将财政剩余和赤字输出给发展中国家、欧洲以及其他地方。所以，我们现在把它叫作"特里芬难题"，这是所有国家都面临的问题。如果没有庞大的体系，美国就不能输出资本，也不能输出赤字，给世界经济提供流动性。20 世纪 50 年代提出的"特里芬难题"是指，赤字越高，美元的吸引力越小。这个体系是非常不稳定、非常脆弱的，无法维持与黄金的关系。我们强调古老的法则，良币会驱逐劣币。所以，我们出现了一个又一个金融泡沫，同时加大了对美元的需求。我们看到它金融化，对资本和生产分离造成很多的投机。这种体系并没有为发展提供资金和资本，相反它进一步的投机造成资金从发展中国家流向发达国家，这是对发展中国家的一种掠夺。它带来的只是投机和掠夺性贷款，而不是用于发展和生产。

最后我想说，它会造成战争。美国为了保持美元体系不止一次发动了战争。我们也看到，现在对于美元体系的衰落有很多的讨论，但大部分都是以美国为基点的学术产业，他们否认美元体系的问题，并且一直在说美元体系会一直存在下去。尤其指出，人民币不可能成为美元的继承者，不可能让人民币国际化。这是可以理解的，如果中国的学者要作出这种反应，声称人民币可以或者正在国际化，就像美元一样，这也是问题的所在，对于中国和世界来说是危险的，是错误的，它会造成中国和其他发展中国家经济金融化，会削弱他们的生产力，就像美国的经济一样。

如果大家不了解金融，可以看看马克思的文章，他的部分理论继承了前资本主义的货币和金融体系，基于短期的高利贷和掠夺性贷款与投机。但它也随着资本主义发展，资本主义将会把这个体系转变成一个更适合资本主义工业扩张的体系。这是他的一个观点，马克思的愿望实现了，第一个工业主义国家不是在德国实现，而是在英国实现了。英国继承下来古老的金融体系，因为工业具有小额资本需求，并且可以由个人财富来满足，但德国在第二次工业化过程中需要长期的资本投资，需要长期的新型金融资本投资。比较英国和德国的体系，它们是完全相反的，这一切与美元体系的消亡关系非常大。

再看世界货币和人民币。中国以及世界如何看待世界货币，任何货币尤其是人民币的国际化有什么重大的影响？首先，要实现国际化，它不能像美元一样，应该以完全不同的方式。因为你必须要了解各个国家，不能那么容易就成为世界货币，那会不稳定。其次，任何一种强加的国家货币会破坏国内的生产性经济，这也就是为什么德国、日本或者中国这些生产率更高的经济体货币国际化水平远比美国要有限。人民币国际化的压力会继续下去，这样的国际协议也将会被美国和西方进一步阻碍。但是我们有个很好的开始，凯恩斯在1944年提出的纲要，仍然是指导原则，也就是我们需要有个稳定公正发展的国际货币体系。凯恩斯提出的方向，也是我们未来的方向。凯恩斯是为疲软的经济体说话的，他的方案是解决怎么样才能把经济复苏的问题。所以，他提出的建议都是针对那些非常需要保护的国家。关键的要素是什么？ 1.资本的控制，有些度过金融危机的国家，在20世纪90年代控制了自己的资本，就能够度过金融危机；2.它针对多边主义，是国际的协议，而不是由帝国、大国所统治的。它应该是多边统一的货币，不是用这个货币来购买日常用品，而是央行解决国家之间的不平衡。应该了解，它是面向贸易和投资需求，而不是投机。我这里讲的借贷是指没有任何产出的借贷。

债权国和债务国之间的责任并存，如果投资或借贷方面失败了，要为此负责。需要明确整个盈余国家的责任和赤字国家的责任。你可能说，在中国或德国，如果持续有盈余又怎样呢？实际这种盈余也是不具有可持续性的。如果一直向其他国家出口，需要用这些钱来购买一些东西，那么在国际收支层面持续盈余没有特别大的意义。所以，对任何国家来说，如果是持续盈余，可能整个国家都需要进行其他方面的生产活动。这个过程中，不会影响经济规模的情况下，希望在国际贸易当中实现更好的平衡。

从平衡的系统性角度来考虑整个平衡的波动性，实现平衡才能实现这种可持续性。有人问，这样的过程是不是需要系统性协议。有的人担心很多国家无法达成一致。国家的数目并不是最主要的，而在于帝国主义。如果我们用更世俗的角度来分析，一旦出现了帝国主义的衰落，是不是可能达成一致？对于这种多极化，如果想进一步推进，那么在一些大国之间更容易达成一致。如果没有系统性的利益冲突或敌意，对于多极化，那么是可以推进消除支配和从属的关系，从而创造一个更好的环境的。

责任编辑：曹　春　许运娜

封面设计：汪　莹

图书在版编目（CIP）数据

世界看新时代中国 . 2025：凝聚全球发展共识　培育增长新动能　/ 张东刚主编 . -- 北京 ： 人民出版社，2025. 3. -- ISBN 978 - 7 - 01 - 026886 - 6

I . D61 - 53

中国国家版本馆 CIP 数据核字第 2024WC6240 号

世界看新时代中国·2025

SHIJIE KAN XINSHIDAI ZHONGGUO 2025

——凝聚全球发展共识　培育增长新动能

张东刚　主编

人 民 出 版 社 出版发行

（100706　北京市东城区隆福寺街 99 号）

北京汇林印务有限公司印刷　新华书店经销

2025 年 3 月第 1 版　2025 年 3 月北京第 1 次印刷

开本：710 毫米 ×1000 毫米 1/16　印张：14.75

字数：163 千字

ISBN 978 - 7 - 01 - 026886 - 6　定价：78.00 元

邮购地址 100706　北京市东城区隆福寺街 99 号

人民东方图书销售中心　电话（010）65250042　65289539